数字化背景下 高校英语教学模式探索

汪 萍 ◎ 主编

SHUZIHUA BEIJING XIA
GAOXIAO YINGYU
JIAOXUE MOSHI TANSUO

郑州大学出版社

图书在版编目(CIP)数据

数字化背景下高校英语教学模式探索／汪萍著. — 郑州：郑州大学出版社，2023. 10(2024.6 重印)
ISBN 978-7-5645-9927-0

Ⅰ. ①数… Ⅱ. ①汪… Ⅲ. ①英语－教学研究－高等学校 Ⅳ. ①H319.3

中国国家版本馆 CIP 数据核字(2023)第 177726 号

数字化背景下高校英语教学模式探索

SHUZIHUA BEIJING XIA GAOXIAO YINGYU JIAOXUE MOSHI TANSUO

策划编辑	郜　毅	封面设计	王　微
责任编辑	李丛聪	版式设计	苏永生
责任校对	樊建伟	责任监制	李瑞卿

出版发行	郑州大学出版社	地　　址	郑州市大学路 40 号(450052)
出版人	孙保营	网　　址	http://www. zzup. cn
经　销	全国新华书店	发行电话	0371-66966070
印　刷	廊坊市印艺阁数字科技有限公司		
开　本	710 mm×1 010 mm　1 / 16		
印　张	9.5	字　　数	142 千字
版　次	2023 年 10 月第 1 版	印　　次	2024 年 6 月第 2 次印刷

书　号	ISBN 978-7-5645-9927-0	定　　价	58.00 元

作者简介

　　汪萍,女,1972 年出生,辽宁锦州人,硕士毕业于西南大学文学院,现工作于渤海大学外国语学院,教授。长期从事英语教学工作,先后讲授"英语课程与教学论""英语语音""英语阅读与写作"等课程,主要致力于英语教育及教学相关问题研究。曾荣获省、校级教学成果奖 7 项,主持省、市、校级课题 30 余项,出版专著 1 部,发表论文 50 余篇。

内容简介

　　本书是一本探讨数字化背景下高校英语教学的理论著作。随着社会的发展,数字化技术已经覆盖了各个领域,极大地丰富了教学内容,提高了教学效率。本书简要论述了数字化与英语教学的基础知识,包括数字化学习、英语教学基础、数字化背景下英语教学的困境与机遇;深入探讨了数字化背景下英语微课教学、慕课教学以及翻转课堂教学等多种教学模式;最后阐述了数字化背景下高校英语教师的发展,包括数字化背景下英语教师专业发展的路径以及英语师资建设发展的趋势与未来展望。本书可供英语类专业的学生参考,也可供对英语教学感兴趣的读者阅读。

　　英语教学能够提高大学生的整体英语水平，为社会主义市场经济的发展提供高质量的专业人才。从当前的状况来看，大学英语教学的效果并没有达到预期目的，制约英语教学创新的因素还有很多。

　　在数字化时代背景下，信息传播的速度不断加快，人们能够借助多样化渠道，在较短的时间内获取海量信息，同时，数字化所带来的全新信息呈现方式与信息交流方式很好地迎合了人们学习的新需求，这对传统教学方式提出了新的挑战。显然，单纯采用传统的英语课堂授课方式已经不能满足教学的需要，教师应该积极改变传统的教学观念，构建各种新的教学模式，从而改变大学英语课堂现状，以提高学生英语学习的兴趣，发挥他们的主观能动性。

　　以互联网为代表的信息技术让移动学习、微学习、泛在学习等一系列数字化学习模式不断涌现，拓展了教育的渠道，从而有效传达教学信息，为学生营造更具趣味性和愉悦性的学习氛围，充分调动学生的自主学习能力。数字化教学资源的内容是非常丰富的，包括视频、音频、相关网站、多媒体软件和数据库等。数字化教学资源的优势有很多，比如直观性、丰富性、灵活性等，能够帮助学生更好地理解词汇、句子和文章，进而掌握英语学习方法，突破重难点知识。通过数字化技术在图像、声音、视频等教学内容上的应用，可以最大限度地刺激学生视觉、听觉等感官体验，进而重塑教学结构；借助数字化课程资源组织课程，可以让学生处于网络环境中开展学习，有利于提升他们知识获取的效率，进一步促进他们听、说、读、写、译水平的全面提

1

高;利用数字化课程资源进行英语课程教学,可以更加高效地设立教学情境,通过交互式学习提高学生的交际性,培养学生的语言能力,让他们更高效地理解并掌握所学知识点。

本书是一本探讨数字化背景下英语教学的理论著作。本书首先简要论述了数字化与英语教学的基础知识,包括数字化与数字化学习、英语教学概述;其次深入探讨了数字化背景下英语微课教学、慕课教学以及翻转课堂教学;最后阐述了数字化背景下英语教师的发展,包括数字化背景下英语教师专业发展的路径、数字化背景下英语教学的困境、机遇与对策以及高校英语师资建设的发展趋势与未来展望。

需要说明的是,数字化背景下的英语教学并不止本书的内容,尤其是其中的某些教学的技巧与方法,还需要人们结合自身实际,灵活运用。与此同时,英语教师的素质、水平、能力等对英语教育改革起着至关重要的作用。

在写作过程中,笔者广泛参考、汲取了国内外众多学者的研究成果和实际工作经验,在此,对本书所借鉴参考文献的作者、对写作过程中提供帮助的单位和个人致以衷心的感谢!在写作本书时,笔者深感自身存在不足,对于书中存在的错误与疏漏,希望广大读者予以谅解,并提出宝贵意见,以便修改完善。

著　者

2023 年 5 月

目录

第一章　数字化与英语教学概述 ················· 1

第一章

数字化与英语教学概述

　　信息技术、网络技术的迅猛发展对人类生产生活的各个领域形成了全方位的冲击，对人类的生产方式、生活方式、思维方式以及学习方式等都产生了重大的影响。学习者个体乃至整个人类的学习方式都发生了很大变化，从计算机辅助教学到慕课兴起，再到人工智能在教育领域的发展，催发了异彩纷呈信息时代的学习理论和实践。

第一节　数字化与数字化学习

一、数字化

（一）数字化的概念

　　数字化是指运用计算机技术，将现实世界中的各种模拟信息转变为以二进制代码表示的数字信息，供计算机处理和网络传输的过程。纸质档案的数字化是采用扫描仪等设备对纸质档案进行数字化加工，使其转化为存储在磁带、磁盘、光盘等载体上的数字图像，并按照纸质档案的内在联系，建立起目录数据与数字图像关联关系的处理过程。[①]

---

　　① 柳瞻晖，金洁峰，苏坚．档案整理实务教程［M］．上海：上海大学出版社，2021：181．

1

(二)数字化的特征

数字化的过程即把产生的信息通过特别的处理转化成数字信号的过程。信息社会创新过程依靠一系列现代信息技术,所形成的结果同样也是一系列现代信息技术合力导致的。经过数字化处理的信息成为链接一切信息技术的重要媒介。

1. 定量化

数字化最大的特点就是能够将一切行为通过特定的技术手段和方式转化为数字的形式,以便进行加工处理。将信息转化为数字信号即量化处理之后具备以下几方面的优点:①数字信号是加工信号,具有较好的稳定性。数字信号较模拟信号表现为受外部杂波的影响力比较小,与此同时,却对从模拟信号变换成数字信号的部分杂波难以识别,工具性模/数(A/D)变换器单独使用无法辨别图像信号和杂波。②转化后的数字信号更易于被计算机处理。③数字信号处理(Digital Signal Processing)电路简单。由于数字信号处理电路减少了不必要的传统模拟电路中的波动,促成了稳定的工作电路,这也将技术人员从日常人工调整活动中解放出来。④信息被量化之后更易于被压缩。

2. 综合化

现今许多企业在推出数字化方案的进程中,提高自身数字化运作能力,其目的在于通过提高业务质量与效率促成营收增长。数字化带给我们的综合化,不仅是理论与实践的综合,更为明显的是,数字化要求我们在发展过程中应当充分利用现代信息技术的所有技术,只有形成了这些技术之间的合力,才能促使管理水平有一个质的提升。

3. 动态化

数字化还有一个巨大的特征是实时动态化,这反映了信息更新速度,而信息更新速度决定一个企业是否能够在最早的时间内获取最为有效的信息作为下一阶段决策的依据,从而优化全过程的管理。

　　动态化的数据取决于信息更新速度,频率越高的数据更新对企业越有效,即企业能够实时掌握当下的信息,精准做出分析部署。当然这一切必须建立在以互联网技术为依托的现代信息技术基础之上。数字化的动态特征在不同层面可以反映出不同的信息,不同信息的运用也会产生不同的效果。其实,当今世界是一个动态的世界,我们无时无刻不在接收着信息,无时无刻不在发送着信息。

　　另外,数字化信息的动态性还具有一种隐匿性,就好像作为消费者的我们平时消费就会产生很多信息一样,聪明的商家会根据我们的消费记录运用大数据分析我们的购物倾向。[①]

二、数字化学习

(一)数字化学习的基本要素

　　数字化学习是指学习者在数字化的学习环境中,利用数字化学习资源以数字化方式进行学习的过程。有专家认为,数字化学习包含三个基本要素:数字化学习环境、数字化学习资源和数字化学习方式。

1.数字化学习环境

　　信息技术的核心是计算机、通信技术以及两者结合的产物——网络,这三者是信息技术系统结构的基础。信息技术教学应用环境的基础是多媒体计算机和网络化环境,其最基础的是数字化的信息处理,因此,所谓信息化学习环境也就是数字化的学习环境。这种学习环境经过数字化信息处理具有信息显示多媒体化、信息传输网络化、信息处理智能化(尤其是人工智能的发展,会促使教育和学习更加智能化)和教学环境虚拟化的特征。数字化

---

　　① 王谦.现代信息革命再认识:信息社会变革与治理体系创新[M].成都:四川大学出版社,2021:109.

学习环境包括如下基本组成部分。

（1）设施：如多媒体计算机、多媒体教室网络、校园网络、互联网等。

（2）资源：为学习者提供经数字化处理的多样化、可全球共享的学习材料和学习对象。

（3）平台：向学习者展现的学习界面，实现网上教与学活动的软件系统。

（4）通信：为实现远程协商讨论提供保障。

（5）工具：学习者进行知识构建、创造实践、解决问题的学习工具，等等。

2. 数字化学习资源

数字化资源是指经过数字化处理可以在多媒体计算机上或网络环境下运行的多媒体材料。它能够激发学生通过自主、合作、创造的方式来寻找和处理信息，从而使数字化学习成为可能。数字化资源包括数字视频、数字音频、多媒体软件、CD-ROM、网站、电子邮件、在线学习管理系统、计算机模拟、在线讨论、数据文件、人工智能和机器人教育助手等。

数字化学习资源是数字化学习的关键，它可以通过教师开发、学生创作、市场购买、网络下载等方式获取。数字化学习资源具有切合实际、即时可信、可用于多层次探究、可操纵处理、富有创造性等特点。数字化学习不仅仅局限于教科书的学习，它还可以通过各种形式和类型的多媒体电子读物、网上资源、网上教程进行学习。与使用传统的教科书学习相比，数字化学习资源具有多媒体、超文本、友好交互、虚拟仿真、远程共享等特性。

3. 数字化学习方式

在数字化学习环境中，人们的学习方式发生了重要的变化。数字化学习与传统的学习方式不同，学习者的学习不是依赖于教师的讲授与课本的学习，而是利用数字化平台和数字化资源在教师、学生之间开展协商讨论、合作学习，并通过对资源的收集利用、探究知识、发现知识、创造知识、展示知识的方式进行学习。因此数字化学习方式具有多种途径。

（1）资源利用的学习：即利用数字化资源进行情境探究学习。

（2）自主发现的学习：借助资源开展自主发现、探索性的学习。

（3）协商合作的学习：利用网络通信形成网上社群进行合作式、讨论式的学习。

（4）实践创造的学习：使用信息工具进行创新性、实践性的问题解决学习。

（二）数字化学习的特点

1. 数字化学习的学习内容和资源的获取具有随意性

事实上，只要网络系统具有较理想的带宽，学生和教师就能够在网络和资源库上获得所需的学习内容和学习资源。学生可以不受时空和传递呈现方式的限制，通过多种设备，使用各种学习平台获得高质量的学习内容相关信息，可以实现随意的信息传送、接收、共享、组织和储存。

2. 数字化学习使学习内容具有实效性

通过数字化的学习环境，教师和学生能够充分利用现实世界中的信息，并将其作为教学资源融入学习之中，让学习者进行讨论和利用。这种以现实为基础的信息利用将有助于学生学会发现知识和加深对现实世界的理解。

3. 数字化学习使学习内容探究具有多层次性

数字化资源具有高度的多样性和共享性，把数字化资源作为学习内容，对相同学科的主题内容，教师和学生可以根据自己的需要、能力和兴趣选择不同的难度水平进行探索。

4. 数字化学习使学习内容具有可操作性

数字化学习过程既把学习内容进行数字化处理，同时又利用共享的数字化资源将其融合在学习过程中。这些数字化学习内容能够被评价、被修改和再生产,它允许学生和教师用多种先进的数字信息处理方式对其进行运用和再创造。

5.数字化学习使学习内容具有可再生性

经数字化处理的学习内容能够激发学生主动地参与学习过程,学生不再是被动地接受信息,而是采用新颖熟练的数字化加工方法进行知识的整合、再创造,并作为学习者的学习成果。数字化学习的可再生性不仅能很好地激发学生的创造力,而且为学生创造力的发挥提供了更大的可能性。[①]

第二节 英语教学概述

一、大学英语教学的教育学基础

教育学和语言教学密切相关,因此,教育学是大学英语教学的重要理论基础之一。

(一)教育学

教育学主要是用来进行知识教育和研究,探索语言现象,总结语言规律的学科。教育学有着悠久的历史。英语教学是语言教学的重要分支,属于教育的范畴,因此教育学的相关原则、原理、方法对英语教学也有着一定的指导和启示作用。

(1)教学的一般原则包括科学性、思想性、量力性、直观性、巩固性、自觉性、系统性。

(2)教学的一般方法包括归纳法、启发式、演绎法以及讲解练习、复习与

---

① 王保中.本真学习的构想:兼议代表性典型学习理论[M].哈尔滨:哈尔滨出版社,2021:53.

课堂教学的环节和课型等。

除此之外,教育目的、教育方针和培养目标从宏观方面影响着现代英语教学,英语课的开设、开设的时数、开设的目的和要求都受到教育学因素的影响和制约。

(二)教育经济学

教育经济学是从经济的角度研究教育学科,其主要关注教育中的经济效益。在大学英语教学中,教育经济学主要研究开设哪些课程会使教学受益。从宏观的角度而言,英语课程的开设有以下几方面的意义。

(1)就目前英语课程改革的要求而言,开设英语课是从培养人才的角度来考虑的,在 21 世纪,人类生存与发展的基本技能包括外语与计算机操作运用能力等。

(2)从经济发展和获取信息的角度而言,开设英语课的必要性在于国际上大多数的学术论文是用英语发表或宣读的,英语同时也是国际互联网的主要应用语言。

(3)开设英语课程还有其他方面的益处,如英语是促进学生全面发展的重要学科之一,学习英语有利于个人良好的性格、品格、意志和交往合作精神的发展等。

除了要从宏观上把握英语课程开设的效益外,教育还要从微观的经济角度对必要的费用和效益进行评估。

(三)教育心理学

教育心理学主要研究的是学习者学习过程和学习情境间的作用,主要侧重于研究学生的个体心理活动规律对总体教学效果的影响,并探讨学生的生理心理个性与教学和学习的关系。

作为心理学的一个学科分支,教育心理学与英语学习的理论语法、英语语音、词汇知识传授学习动机的激发、口头和书面表达技能的形成等都有着直接的、密不可分的联系。

教育心理学与英语教学的密切结合也成为现代英语教学发展的趋势。在现代英语教学实践中,教师在传输知识的同时研究学生的心理可以使英语教学达到事半功倍的效果。①

二、大学英语教学的基本原则

(一)激发兴趣原则

兴趣是最好的老师,是推动学生不断前进强有力的动力。

对于学生来说,英语学习的兴趣在很大程度上决定着英语学习的成功与否。从表面上看,我国学生在英语学习中似乎大都很消极,不主动。实际上,很多学生一开始对英语学习并不排斥,这是因为他们对于英语学习具有天然的兴趣,对新鲜事物和对异国语言与文化也抱有强烈的好奇心。很多学生之所以对英语学习失去兴趣,英语水平迟迟得不到提高,很大程度上是由于传统的教学理念出现偏差、教学方法不当、考试体系不科学等。因此,若想真正提高教学质量,必须从源头抓起,努力激发和培养学生学习英语的兴趣,为英语学习注入动机和活力,这样教学效果的提高也就指日可待。为了激发学生的学习兴趣,教师可以在以下几个方面做出努力。

1.探寻学生真正感兴趣的问题

教师只有了解了学生真正感兴趣的问题,才能够"因需施教"。教师在日常教学中要注意发现和收集学生感兴趣的问题和事物,并把它们作为设计课堂教学活动的素材。

2.了解和鼓励学生的进步

教师在教学过程中要时刻注意发现学生身上的闪光点,善于发现学生

---

① 薛燕.基于教学改革的大学英语教学实践[M].延吉:延边大学出版社,2018:11.

学习取得的进步,并适时鼓励和表扬,这不仅有利于培养学生的学习兴趣,还可以培养学生的自信心和成就感。

3.深挖教材以激发学生学习英语的兴趣

"以学生为中心"的教学理念要求教师认真分析教材,教材也是帮助教师激发学生学习兴趣的一个有效工具。教材本身在英语教学中起着举足轻重的作用,是教师教学和学生学习的重要资料来源。教师要想最大限度地调动学生的积极性,可以在备课时认真研究教材,挖掘教材中的兴趣点,以减少教材的枯燥,保持每节课的新鲜感,保证教学的内容和活动能让学生感兴趣。这样,教材里的知识不再是枯燥无味的,学生不再是被动地接受教师灌输的知识,在主观上也就愿意主动、积极地学习。

4.改变传统的英语教学

传统英语教学一个最大弊端就是教学方法单一,太过强调死记硬背和机械操练,这是影响学生学习兴趣的一个重要因素。虽然一定程度的死记硬背和机械操练在基础英语学习中是不可缺少的,但此类活动千万不能太多。因为过多的机械性操练很容易导致教学的死板与乏味,从而使学生失去或降低对英语的学习兴趣。因此,在现代英语教学中,教师应做到教学手段多元化,并努力创设知识内容、技能实践和学习策略需要的情境,以开发学生学习英语的思维,帮助他们加速英语知识的内化过程,使他们能够在英语交际实践中灵活运用听、说、读、写的知识与技能,最终使英语知识变为他们自己进行交际的工具。通过此种教学方式,学生不仅能够获得交际能力的提高;而且综合素质也会得到相应的提高,学生的学习兴趣也会因良好的学习效果而得到巩固与加强。

5.完善传统的英语教学评价方式

传统英语应试教育中的评价方式在很大程度上对学生英语的学习兴趣也有着消极的作用。要想避免这种消极影响,应逐渐改变评价方式。基础英语课程的评价应以形成性评价为主,采用的操作方式也应该是学生在平时教学活动中常见的,重视学生的态度、参与的积极性、努力的程度、交流的能力以及合作的精神等。除形成性评价外,针对学生不同阶段的考试可以采用笔试与口试结合的方式。

这两种方式所考查的知识点不同,笔试主要考查学生听和读的技能以及初步的写作能力,口试主要考查学生实际的语言应用能力。

(二)交际性原则

学生学习语言的最终目的是交际,这也是我们强调真实性原则的重要原因。遵循真实性原则的最终目的是为学生的交际营造一种真实的氛围,切实提高教学效果。培养学生的交际能力是英语教学的首要目标。教师在教学过程中要时刻关注英语的交际性,将交际性原则贯彻到实际教学中。教师要教学生运用所学的语言知识在不同的场合,对不同的对象进行有效得体的交际。具体来说,教师在英语教学中应努力做到以下几点。

1. 正确认识英语教学的性质

要想落实交际性目标的要求,教师首先需要认清英语教学的性质。英语教学是一种针对听、说、读、写、译等各项技能的培养型课程,教、学、用三个方面是一个有机的统一体,这三者之间是一种相辅相成的关系,其中"用"在这三个方面中处于核心地位。使用英语进行交际的能力是在使用的过程中培养出来的,只有理论没有应用,很难达到预期的目标。因此,在教学中应加强英语使用的力度。

2. 把英语视为一种交际工具

英语是一种学生顺利与他人进行交际的工具,英语教学的目的是培养学生使用这种交际工具的能力。使用交际工具的能力是在使用当中培养的,英语教学中的交际性原则既要求教师将英语作为一种交际工具来教,也要求学生把英语作为交际工具来学,还要求教师和学生课上课下都将其作为交际工具来用。

在英语教学中,教师或学生不是单纯地教或学英语知识,而是通过操练,培养学生用英语进行交际的能力。教师要尽量利用教具为学生创设适当的情境,协助学生进行用英语进行场景演习。这样使学生不仅能学得有兴趣、有成效,而且学了就会用。

3. 结合学生的生活选择教学内容与活动

语言总是与现实生活密切联系的,在进行英语教学时,现实生活因素也需要考虑。教师应把语言和学生所关心的话题结合起来,给学生提供足够的、内容丰富、题材广泛且贴近学生生活的信息材料,这样的材料具有一定的现实性,很容易引起学生的共鸣,这样能调动学生学习的积极性,也能促使他们认识到学习英语的目的在于交际,而不是为了应付考试。

4. 在教学中创设交际情境

在传统的英语教学中,很多教师只看重语法结构的正确性,学生通过这种教学并不能具备良好的英语交际能力。要想让学生具备使用英语进行交际的能力,应在英语教学中积极创设情境,开展多种形式的交际活动,以此来提高学生英语语言应用的能力。情境包括时间、地点、参与者、交际方式、谈论的题目等要素。在某一特定的情境中,某些因素,如讲话者所处的时间、地点及其本人的身份等都制约着他说话的内容、语气等。此外,在不同的情境中,同样的一句话也可以表达不同的意义和功能。

因此,在英语教学中,只有把教学的内容置于一种有意义的情境之中,才有可能让学生充分理解每一句话所表达的意思。这就要求教师在设计英语教学活动时要充分结合教材的内容,利用各种教具,开展各种情境的交际活动,这样对学生和教学都会产生有利的影响。此外,教师也可以设计任务型活动,让学生通过完成特定的任务来获得和积累相应的知识与经验。需要注意的是,这些活动需要具有交际的性质,才有利于交际目标的达成。

(三)文化导入原则

我国的英语教学将培养学生的英语交际能力作为教学的重点,而成功的交际既需要语言知识,又离不开文化知识。语言是文化的载体,语言离不开文化,语言也不能脱离社会而存在,它是反映各民族文化、风俗的一面镜子。因此,文化导入也是英语教学的一个重要原则,在进行英语教学时要重视英语国家的民族文化和社会习俗,帮助学生了解中西文化差异,开阔视野。在英语教学活动中,我们可以从以下几个方面进行文化教学。

1. 利用教材渗透多元文化,注意捕捉教材中的文化信息

在教材的处理上,教师可以结合课本内容,不断拓展,引出相关的文化信息,提高学生的知识水平。

2. 运用真实的情境讲授文化知识

教师要在课堂上深入浅出地引导和讲授文化知识,创造浓厚的语言文化学习氛围。同时,所讲授的文化内容应该与日常交际密切相关,以提高学生的实际应用能力为方向。

3. 认真分析中西文化的差异

教师在日常教学过程中,应加强中西文化的对比,让学生充分了解不同文化之间的差异,促使学生以博大的胸怀接纳不同文化,以减少跨文化交际中文化差异所带来的误解。

4. 充分利用多媒体与网络进行教学

教师可以充分利用网络和多媒体资源,让学生多看或多听一些与英语国家有关的文字或影像资料,这也是一种学习外国文化知识的重要方法。这些资料能记录和反映该国家的历史地理、风土人情、生活习俗等文化信息。[①]

---

① 朱金燕.大学英语教学改革探索[M].武汉:中国地质大学出版社,2018:30.

三、大学英语教学的基本方法

(一)语法翻译法

语法翻译法最早是中世纪欧洲人学习希腊文和拉丁文时所采用的教学方法。到 18 世纪末和 19 世纪中期,语法翻译法基本形成,并在相当长的时期内成为欧洲外语教学的主要方法。语法翻译法强调词汇和语法的学习,重视阅读和写作两个方面能力的培养,但是对听、说能力的培养有所忽略。在该教学法中,教师有着权威性的地位,是知识的传授者和教学的组织者,学生则处于被动的地位,其任务只是接受教师的教导,按教师的指示学习。

1.优点

在许多以培养阅读能力为首要或唯一教学目的的情况下,语法翻译法能培养阅读能力的方法常被当作最佳方法。因此,在师资和教学设备较差、班级规模大、教师工作量较大或积极性较差的条件下,语法翻译法往往受到青睐。其优点具体表现在以下几个方面。

(1)语法翻译法在外语教学里创建了翻译的教学形式。

(2)语法翻译法强调对书面语的分析,注重原文的学习,这有利于学生对目的语的深入理解和掌握。

(3)在语法翻译教学法中,精细的语法规则和广泛的词汇知识使得语言输入更易于理解,能够将学生所接触到的各种语言现象系统化,深入浅出地对语言进行分级处理。

(4)重视词汇和语法知识的系统传授,这有利于学生语言知识的巩固,有利于学生打好语言基础。

(5)有助于学生将目的语结构内化,从而提高其使用外语表达的能力。

(6)有助于学生辨别对目的语所做出的无意识或有意识的假设,比较和分析母语与目的语的异同。

（7）语法翻译法的使用十分方便，不需要什么教具和设备，只要教师掌握了外语的基本知识，就可以参考外语课本教外语。

（8）在语法翻译法教学中，班级易于管理，也易于对学生进行测试。

2.缺点

因语法翻译法是在对古典语言学研究以及对语言传统认识的基础上形成的，所以它本身也存在一些缺陷，具体体现在以下几个方面。

（1）过分强调翻译，主张单纯通过翻译手段教外语。这样容易使学生养成在使用外语时依靠翻译的习惯，不利于培养学生用外语进行交际的能力。

（2）忽视了语音和语调的教学，不利于学生口语能力的提高。

（3）过于重视语法规则，这在一定程度上束缚了学生的口语交流意识，妨碍了学生口语能力的提高和发展。

（4）过分强调教师的主导作用和教师的语言讲解作用，忽视了学生的实践，不利于学生语言习惯的形成和语言能力的培养。

（5）教学方式单一，强调死记硬背，课堂教学气氛沉闷，不易引起学生的兴趣。

（6）忽视了语言教学中的文化因素、语言运用的内在因素，以及语言在不同情境中使用的客观规律。

尽管语法翻译法有很多的缺点，但因该方法便利易行，所以在外语课堂上仍被广泛使用。[①]

（二）情境教学法

1.设计情境

设计能够引导学生积极参与学习活动的真实情境，应注意以下几个事项。

[①] 王继红,邹玉梅,李桂莲.基于翻转课堂理论的英语教学改革与实践[M].北京:中国原子能出版社,2019:59.

（1）呈现任务。在向学生呈现学习任务时,应做到三点。首先,要描述任务中问题发生的背景、组织等。其次,任务呈现的方式应该是吸引人的,如通过文本、视频或音频等多种方式,这样学生才有意愿积极参与。最后,教师应当给学生一定的决策权,在某些活动中允许他们做出自己的决定。

（2）教师指导。无论是教学设计还是学生的学习过程,都离不开教师的认真组织、有效启发与精心指导。以学为中心的教师设计如果没有了教师的指导,必然会成为没有目标的盲目探索。

（3）提供相关范例。学生解决问题都是基于一定的经验,因此教师要为学生提供相关范例,如解决问题的多种视角等。这不仅有助于学生解决当前任务,而且可以补充其自身认知结构中的空缺。

（4）设计自主学习。学生是学习过程的主体,学生的自主学习是对所学知识实现意义建构的内因,而恰当的情境是促进学生主动构建知识意义的外因。外因通过内因才能起作用,可见自主学习设计在情境设计中必不可少。

（5）信息资源。情境中可以提供的信息资源包括可供学生选择并随时可得的与问题解决有关的各种信息和知识,如文本、图形、图片、声音、视频、动画等,以及通过网络获取的各种相关资源。

（6）认知工具。认知工具是支持学生思维过程的心智模式和设备,通常是可视化的智能信息处理软件,如专家系统、知识库等。认知工具能够提供组织或呈现各种信息的机制,学生借此可以进行信息与资源的获取、分析、编辑,并以此表达自己的思想。

2. 意义构建

意义构建包括以下几个步骤。

（1）分析教学目标。每一阶段或每一课堂的学习内容总是由不同的若干知识点构成的,而且每个知识点的重要性及其特点都是不同的。要想完成意义建构,必须对所学的内容进行教学目标的分析。

（2）设计教学结构。教学结构的设计是指对教师与学生之间、学生与学生之间交互作用而形成的动态过程设计。教师应运用系统观点和动态观点审视教学中的各个环节及其相互关系，继而形成一个动态的、稳定的教学结构。

（3）设计自主学习策略，就是要学生能够根据学习目的独立地选择有效的学习方式。其中，元认知策略设计非常重要。元认知策略旨在提高学生对学习过程的意识，培养其自主学习能力。

（4）信息技术的辅助作用设计是指确定一定情境下的学习主题所需要信息资源的种类以及每种信息资源所起到的作用。在这个过程中，如果学生对获取相关信息的出处、手段、方法等方面有困难，教师应及时提供帮助。

（5）设计协作式学习活动。该活动旨在为多个学生提供思考问题的多种角度，帮助学生深化对问题的理解。开展协作式学习活动既有利于学生的自主探索，还有利于培养学生之间的合作精神。

（6）设计学习过程与学习效果评价。对学习过程与学习效果的评价是教师和学生对教学和学习实施监控的重要手段。评价不等于测试，评价的目的是为教师调整教学方式、学生调整学习策略提供反馈。

（三）任务教学法

1. 任务教学法简介

任务教学法也叫任务型教学法，是西方教育界自 20 世纪 80 年代以来的发展成果，代表人物是美国教育家杜威（Dewey）。任务教学法是交际教学法的延伸，是一种强调"在做中学"的语言教学方法。该方式是一种以具体的学习任务为学习动力或动机，以完成任务的过程为学习过程，以展示任务成果的方式体现教学效果的方式。总之，任务教学法体现了较为先进的教学理念，是一种值得推广的有效的外语教学方法。

在课堂教学中，使用任务教学法需要具备六个要素：目标、输入材料、内容、情境、程序、角色。

2. 过程

任务教学法主要有任务前、任务中和任务后三个阶段。下面就分别对这三个程序阶段进行阐述。

（1）任务前（呈现任务）。在任务前阶段，教师的主要工作是呈现任务。教师要结合学生的生活或学习经验，为学生常设有主题的情境，以激发学生的好奇心和学习动机。详细地说，教师要为学生提供与话题有关的环境以及思维的方向，并将学生要学习的新知识与他们已有的知识结构建立联系，调动他们的求知欲。在这一过程中，教师应遵循先输入、后输出的原则，就是当学生激活了完成任务所必需的语言知识、技能后导入任务，这既是为了学生学习的顺利进行，也是为展开下一环节而奠定的基础。

（2）任务中（实施任务）。接收完任务后，学生接下来需要做的就是开始实施任务，实施任务的形式有很多，如结对子或小组自由结合，或由教师设计一些小任务构成任务链。其中，结对子和小组结合的形式可以为所有的学生提供练习口语的机会，并且这种形式有利于同伴之间的交流，可以刺激学生认知的发展，还有利于培养学生互助合作的精神。需要指出的是，这一过程中，教师可以参与学生的小组活动，成为小组的一员。教师应以监督者和指导者的身份了解学生掌握新知识的程度，并根据具体的情况，随时对教学策略实施调整，以保证更好地完成教学任务。

（3）任务后（汇报任务和评价任务）。任务完成后，教师可以让各小组在讨论后派出代表向全班报告任务完成情况。代表的选择方式有两种：一种是由教师指定，另一种是由小组推选。教师指定代表可以激发该学生的学习兴趣；而由小组推选代表则可以增强被选举学生的自信心。学生汇报任务时，教师应该给予一定的指导和帮助，使学生的汇报更加准确、自然。

汇报结束后，教师还应组织全班学生评价任务，指出各组的优点和不足，并评出最佳小组，让学生在完成任务之后，体会成功的喜悦，同时对自己的不足也有所认识。在评价人物的过程中,教师除了对结果进行评价,还要引导学生客观、理性地评价自己和他人,帮助学生形成良好的评价鼓励方式。另外,对于任务完成得比较好的小组,教师应给予精神上的鼓励或物质上的奖励。在这一过程中,教师要正确把握评价的促进作用,充分调动学生学习的积极性,增强学生的竞争意识,以促使学生不断进步。①

四、大学英语教学评价的方法

通过评价,教师才能更好地引导学生对自己的原有基础、认知水平等进行鉴定,认识自己在发展过程中的不足,从而有针对性地进行改进与调整,对自己的学习过程进行优化,使学生获得最佳的发展。除此之外,发展性原则还要求教师对学生的态度、情感等进行关注,以帮助学生形成正确的价值观。② 大学英语教学评价主要可以从教材、教师和学生三个方面进行分析,接下来我们就从这三个角度来分析大学英语教学评价的方法。

(一)教材评价

教材是连接教师和学生的重要纽带,在教学活动中起着重要的作用,教材的优劣直接影响教学效果的好坏,因此,对教材的评价也是教学评价的重要板块之一。由于教材评估具有多重标准,在具体进行教材评估时要根据具体实施对象的特点、目的和适用领域进行匹配和选择,同时还应兼顾品质和数量。

评价课程材料涉及课程原理、计划、标准、教学辅导材料等多个方面,教材评估的标准主要包括合理性和可行性。标准化的实现,是落实课程教材评估的前提。具体而言,我们常用的课程教材评估方法主要分为以下几种。

---

① 李丽洁,米海敏.专门用途英语教学研究[M].北京:现代出版社,2018:30.
② 韩楠.大学英语教学体系构建与创新性研究[M].长春:吉林大学出版社,2020:142.

（1）调查法。方式有多种,包括问卷调查、座谈、访谈等。这种方法指的是通过多种调查方式收集资料信息,并对课程方案做出判断。

（2）实验法。是将课程方案以实验的方法加以操作处理,进而产生结果,对其课程材料做出判断的一种方法。

（3）观察法。在课程评估中使用观察法,主要是用于了解教学运作过程中遇到的困难及目标完成程度,对于课程进行中产生的非预期结果加以判断并对资料收集加以确认,过程中可采用记录查核、系统观察和非结构性观察等方式。

（4）专家判断法。以专家方的权威、中立及说服力对课程材料做出审核和判断。从专家角度,运用专家的知识和专长以采用调查、送审、会议等形式对其存在的问题进行分析和判断。

(二)教师评价

对教师的教学进行评价的方法一般包括以下几种。

1.调查法

常用的调查法包括问卷法、访谈法等方式,也是常用的教师评估方法。通过调查方式能够在一定程度上了解一段时期内教师教学情况,此法常用于鉴定教师的综合教学水平。

2.分析法

分析法是指通过定性方法对教师教学工作做出的一种基本判断,用来解决教师教学工作中存在的问题,并对其进行评估,它能够突出主题或主要特征,且简便易行。由于其具有主观意识,所以它并不适合规范教师授课质量评估。一般情况下,运用分析法进行教学评估,是依靠测评人员的学识和经验进行,没有专门的评估标准。就形式而言,分析法可分为他评和自评两种形式,其评估结果则以定性描述为主。

3.综合量表评估法

综合量表评估法是建立在教学活动中精细数量化标准基础上的一种评

估方法,它注重的是对教学过程中任务的具体分解和对信息化处理及标准的统一方面。具有标准具体化、结果准确率高、评估人员主观干扰较少的特点。

(三)学生评价

对学生的学习进行评价,一般可以使用以下几种方法。

1. 观察法

观察法在英语教学评价中是十分常用的一种方法,甚至可以说是评价英语教学行为和技巧最基本的评估工具。它指的是在日常学习过程中,对学生的表现进行有目的、有计划地观察并记录,从而对学生的学习情况做出全面评估的一种方法。观察法有正式和非正式之分,区分它们的主要方式就是看教师在观察学生的学习表现时,是否采用了标准化的观察方法。观察可以随时进行,但也需要按照系统的方法进行,以保证其客观性。

观察法作为形成性评估的一种重要形式,主要适用课堂评估。但是在设计课堂观察时,要对以下系列问题格外注意。

(1)观察的目的是什么?教师在观察过程中,可以了解学生学会了什么,哪些学习策略对他们有帮助,哪些教学策略对他们更有效,哪些活动和材料是他们喜欢的等。通过了解学生的学习情况,有针对性地采取教学措施。而对学生来说,收到教师的反馈,可以帮助他们更好地了解自己的学习情况,从而有针对性地加以改善。总之,共同的目的都是促进学生的学习发展。

(2)应该对教学的哪些方面进行观察?一般情况下,可以在教学过程中侧重于观察课堂实践活动及学生间的互相交流活动,以及学生日常的听、说、阅读和写作情况的观察。此外,教师还可以随时随意地观察学生学习上取得的进步。

(3)应该选择什么样的形式进行观察?为了达到相应的目的,教师可以观察学生单独执行任务或分组执行任务的情况，还可以灵活地设定任务或游戏，帮助评估学生的分类能力、记录能力和描述能力等。

（4）是观察个体还是对学生进行分组或整体观察？对某一个体进行观察，可知道此个体现象在整体中的占比和代表性，并可了解该个体具体困难和实际需求；对分组或整体进行观察可了解整体综合表现出的问题和教学在整体反应中的优势。所以教师可以针对不同的目的，采取不同的方式进行观察。

（5）如何记录观察结果？恰当的记录方式对观察结果有着极大的影响。在记录中具体采用哪种方式应该根据观察的目的和对象决定。教师在教学记录中可将观察到的现象加以分析并以日常记录、评估表等形式进行记录。

（6）实行随机一次观察还是不定期重复多次观察方式进行？是否把学生的其他课程和课外学习活动与观察相结合？

教师可以根据教学过程中的不同目标采取不同的视察形式，这就要求教师在进行视察之前，一定要对这几个方面的问题考虑清楚，才能选择出合适的方式。

2. 档案评价

学生档案是对学生进行评价的一个重要工具，档案评价可将个人或组织在以往教学活动中出现的情况和信息形成清晰准确具有完整时间记录的固化信息。它可将课程与教学同评价有机结合，并能直接应用到日常教学活动中。学生的学习档案一般分以下两种。

（1）作品档案袋。如学生在以往学习过程中撰写的优秀论文、获奖证书、他评及自评等形式，除此之外，学生作品档案袋中还可以收录学生录音照片/画、与同学合作的项目等各种形式的作品。个人作品档案袋包括多种形式内容，这些作品将直接反映学生在学习过程中的收获和成果，可以帮助教师对学生的情况进行及时的了解。

（2）课堂记录卡。课堂记录卡可以客观地反映学生在课堂上的反应,学生将学习过程中在课堂上发生的事情通过记录卡的形式随时记录下来,并标明具体时间,可以作为学生日后复习中的重要参考,也可以帮助学生及时了解自身的学习过程和学习情况。[1]

① 魏雪超.文化融合思维与英语教学研究[M].北京:中国商务出版社,2019:235.

第二章

数字化背景下英语微课教学

微课是一种比较新颖的教学模式。本章首先分析了微课的相关基础性知识，接着进一步探讨了微课对高校英语教学的影响及意义，最后详细叙述了对高校英语微课教学路径构建及教学实践等的研究。

第一节　微课概述

一、微课的概念和特点

(一)微课的概念

自 2011 年国内出现第一篇关于微课的文献，研究者对微课概念的界定一直是众说纷纭，目前国内较为认可的三位"微课"学者对于微课的定义更是各有侧重。① 胡铁生作为国内微课的引领者，首先将微课定义为"按照新课程标准及教学实践要求，以教学视频为主要载体，反映教师在课堂教学过程中针对某个知识点或教学环节而开展教与学活动的各种教学资源有机结合"②。胡铁生不仅将微课视作简单的教学视频，还赋予微课丰富的内涵与

---

① 　陈佳钰.微课在高中英语教学中的应用研究[D].杭州:浙江大学,2017.
② 　胡铁生."微课":区域教育信息资源发展的新趋势[J].电化教育研究,2011
(10):61–65.

构成,包含教学设计、素材课件、教学反思、练习测试及学生反馈等。黎加厚将微课等同于微课程,认为微课程是指时间在10分钟以内、有明确的教学目标、内容短小,能集中说明一个问题的小课程。① 这种定义更注重微课的教学作用,强调其短小精悍、主题突出的特点。而另一位微课研究界专家焦建利将微课定义为"以阐释某一知识点为目标,以短小精悍的在线视频为表现形式,以学习或教学应用为目的的在线教学视频"②。焦建利的定义落脚点在于在线教学视频,他将其视作阐释知识点的学习资源。基于前人的研究和当下微课的发展趋势,这里将微课定义为:微课是以阐释某一知识点为目标,以10分钟以内的教学视频为主要形式,师生用于课前导学、课内助学、课后巩固的教学载体。

目前,很多研究者较为狭隘地将微课视作简单的教学视频或学习资源,事实上,微课的构成并不仅仅是10分钟以内的视频。对于微课的构成,不同的研究者从不同的视角出发也有不同的认识。苏小兵等从微课"教育资源"属性出发,提出"目标、内容、教的活动、交互、多媒体"③五个构成要素,教师需要对这五个构成要素精心设计,组织构成一个具有一定结构化程度的数字化课程资源。刘名卓、祝智庭从微课的"课程"属性视角出发,认为微课程需要具备必要的课程要素,如教学目标、教学内容、教学活动(学习活动)、教学资源(学习资源)、教学评价(学习评价)以及内置必要的学习支持(如提供学习笔记、批注等学习工具)。④ 就微课的组成而言,微课是以"微视频"为核心,包含与教学相配套的"微教案""微练习""微课件""微反思"及"微点评"等支持性和扩展性资源,从而形成一个半结构化、网页化、开放性、情景

① 黎加厚.微课的含义与发展[J].中小学信息技术教育,2013(4):10-12.
② 焦建利.微课及其应用与影响[J].中小学信息技术教育,2013(4):13-14.
③ 苏小兵,管珏琪,钱冬明,祝智庭.微课概念辨析及其教学应用研究[J].中国电化教育,2014(7):94-99.
④ 刘名卓,祝智庭.微课程的设计分析与模型构建[J].中国电化教育,2013(12):127-131.

化的资源动态生成与交互教学应用环境。这样的组成方式更为全面综合，教师通过微教案来设计微课件制成微视频，学生通过观摩微视频学习相关知识，通过微练习来自测知识的掌握情况，师生共同进行微点评来促进彼此的微反思，这才是一个完整而又良性循环的"微课"。

(二)微课的特点

微课主要是针对传统教学资源的局限性提出的一种新的学习方式，其主要特点可以用八个字概括：精美、简洁、具体、生动。具体而言，其包括以下五个方面的特点。[①]

1.主题明确

微课的作用主要是解决传统课堂教学中所出现的问题，如知识点复杂多样以及重、难点层次不清等。在微课的制作过程中，其都是围绕教学内容中最重要的知识点或教学中关键的环节进行设计，与传统的课堂教学相比，其教学内容更加精简，教学目标更加明确，教学主题更加突出，这是微课教学最重要的特点。明确主题选取的教学内容非常具有代表性，只有教学主题突出，才能真正吸引学生的注意力，让学生更加容易地理解与学习。

2.多元真实

多元主要是指微课资源的多样化，它不仅有微课视频，还有微教案、微课件、微点评、微练习等其他形式的资源，相对于传统的课堂教学视频而言，微课资源的多样化使得整个教学更加丰富多彩。在利用丰富的微课资源时，师生将同时从中受益：一方面，学生可以利用微视频进行学习以微练习进行相应的复习巩固，以微反馈的形式进行综合评价，这使学生的思维能力得到进一步提高，并且能够提升学生学习的兴趣；另一方面，教师利用微课资源的多样化去实现教学观念、技能等方面的提升与深化，进而提高课堂教

---

① 孙杰远,温雪.微课的原理与技术[M].北京:中国轻工业出版社,2016:18.

学的效率,促进教师专业成长。

真实主要是指现场情境的真实性。微课的设计都会具体到一个真实而不是虚假的场景之中,进而形成一个与具体教学内容有机结合的微课堂。这种真实性的场景与现实生活紧密结合。例如,生物教学中的微课场景一般要选在实验室或实习、实训基地,体育教学中的微课场景一般要选在体育馆或运动场,并且教师在选择着装、教具时应与教学活动主题相一致,这样才能呈现出微课堂的情境性。

3. 弹性便捷

传统的课堂教学对教学的时间有严格的规定,而微课在时间安排上却有明显优势,即微视频的时间比较短,一般在 5 ~ 8 分钟,最长也不应超过10 分钟,这比较符合学生的认知特点。微课资源的容量不会超过百兆,易于存储、便于携带,这使微型学习成为可能。因此,学生在完成微课的学习时所花费的时间和精力不会太大,这更有利于学生弹性安排个人的时间,非常便捷而且更加人性化。

4. 共享交流

共享是网络资源的核心理念。就微课目前的发展来看,其不仅具有网络资源丰富、交往、便捷、互动等优势,而且它打破了利用资源在时空上的限制,实现了教学资源的共享。除此之外,微课还为学生提供了一个网络学习与信息交流的平台,教师在微课教学后会把微视频上传到信息技术资源管理中心的网站上,供同行借鉴学习,教师还可以充分利用同行的经验不断地挖掘自身发展的潜力,加强交流与沟通、分析评价、强化教学反思。实际上,这就是我们现在所提倡的教师学习共同体的一个方面,它由教师群体构成,以网络式的虚拟场景为基础,以便教师进行交流与学习,从而实现教师个体的专业发展。

5. 实践生动

由于微课开发的主体是广大一线教师,加之微课开发的本身就是以学校的教学资源、教师的教学与学生的学习为基础,因此,越来越多的学校通过微课这种新的学习方式进行探索研究,挖掘本校的微课建设,这本身就具有很强的实践性。在实践的过程中,教师需要注意微课的表达方式,生动活泼不仅体现在精美的画面、动听的音乐以及明确的主题上,还体现在精心设计的流程及其相应的互动方式上。

二、微课产生的背景

(一)微课的提出

任何新生事物都有其产生的缘由,"微课"也不例外。从宏观上讲,在科技领域,"微课"的产生离不开科学技术的进步。在现代社会,信息技术的迅猛发展加快了人们的生活节奏,从根本上改变了人们的生活、工作和学习方式。与传统生活方式相比,大部分人尤其是年轻人更加乐于接受现代的生活方式。例如,投影仪的使用,以图文、声像的方式全方位为我们呈现事物立体化的信息;智能移动终端设备的出现,把我们带入了一个信息互联开放的时代。也可以说,网络通信技术的发展促使各种"微"事物不断涌现,如微信、微博、微访谈、微学习、微媒体、微电影、微小说等,这使人们生活的方方面面都充满了"微"信息,进而步入一个新的时代,即"微时代"。

从国家政策背景看,2012 年 9 月 29 日,全国教育信息化工作电视电话会议中指出:"'十二五'期间,要建设好'三通两平台',也就是说要实现'宽带网络校校通、优质资源班班通、网络学习空间人人通',建设好教育资源公共服务平台和教育管理公共服务平台。"而"微课"的产生则打通了"网络学习空间人人通"和"教育资源公共服务平台"两者之间的联系,推动了教育信息化的实现。

从微观上讲,在教育领域,根据国家新课改所提出的标准,教师的工作不再局限于教会学生一定的书本知识,更重要的是要教会学生如何面对生活中的不确定问题,让学生在受教育的过程中体会学习的乐趣,进而激发并利用学生的好奇心来调动学生学习的积极性与主动性。在教会学生学习的过程中,师生之间的交流方式、手段,特别是教师在教学中所采用的教学方式至关重要。然而,教师工作量的加大使得他们很难有大量的时间进行专门学习。面对此种情况,教师应该深思如何才能在课堂教学中吸引学生的注意力,如何把深奥的理论转化为容易理解的事例,让学生感觉到学习中真正的乐趣,如何利用琐碎的时间进行集中学习,完成自身的专业发展。对此,微课提供了一种新的思维和表达方式,例如,教师把教学中的重、难点以及相应的考点等精彩有趣的内容录制下来,之后把所录视频提供给学生,使他们能够更好地进行交流与学习;或是利用"微课"与"翻转课堂"相辅的形式,教师事先做好有关教学内容的微视频,调动学生课前知识学习和课堂知识内化的积极性,并能辅助课后的复习和反馈。

总之,不管是学生还是教师,他们当前缺乏的是一种高效的、便捷的学习方式,而"微课"正好满足了这种需求。因此,在信息发展、时代变迁和教育诉求的背景下,"微课"应运而生。

(二)微课的产生对教学的启示

从微课教学应用的层面看,将微课作为一种教学资源,它可以应用于课前自学、课堂助学、课后反馈等环节;将微课应用整合为一种新型的教学模式,它可以进行线上线下混合式学习、知识接受与知识内化环节颠倒、微步调学习等;或可以将微课作为传统课堂教学的一种补充。就教师的教学而言,微课的简洁形式能够使教师快速地对教学内容做出修订、更新教学知识,教师与学生可以重复利用微课进行教学与学习的优化。微课创始人胡铁生从四个方面指出了相应的误区,"一是相当多教师对微课的本质特征认识不够,仅认识到微课的'外表',即微、短、小,而没有掌握其'本质'——一种支持学生自主个性高效学习的微型在线网络课程。部分教师开发的微课基本等同于'课例片段''微型视频''微型讲座',或者是'浓缩课'。二是许多教师把更多重心放在微课制作技术上,而忽视了微课的教学设计和教学实施过程,注重课堂教学活动的视频拍摄,甚至把教师的讲解、师生活动全程的对话都打上字幕,而对微课的内容选题、教学设计、教学策略、教学活动的实施等核心环节却重视不足。三是现有微课的资源构成单一,仅提供了单个知识点教学的视频片段,不利于师生的学习、观摩和研究。四是缺乏系统规划和顶层设计,导致微课建设各自为政重复建设现象严重,质量良莠不齐"[①]。由此,我们需要辩证地看待微课的教学应用,从优化教学过程、提高学习效果的角度深层考虑信息技术环境中的教与学。

三、微课的主要类型

依据现代教育、教学理论、微课的研究进展以及微课在学校教育实践中的实际应用,人们总结出几种常见的微课分类方式。

(一)按照课堂教学的方法进行分类

教学方法是指在课堂教学中,教师和学生为了实现共同的教学目标以及完成共同的教学任务所采用的手段与方式的总称。为了使一线教师更加容易理解微课的分类方法,胡铁生根据李秉德教授对我国学校教学活动中常用的教学方法的分类总结,初步将"微课"划分为十一类,即讲授类、问答类、启发类、讨论类、演示类、练习类、实验类、表演类、自主学习类、合作学习类、探究学习类。

在此分类中值得注意的是,一节微课作品可以对应某种微课类型,也可以同时对应两种或两种以上的微课组合。例如,讲授类与合作学习类,其分类不是唯一的,应保留一定的开放性。同时,微课的类型也随着教育教学理论的发展和教学方法、手段的创新而变化,需要教师在教育实践中不断发展、完善。

---

① 胡铁生.还原中小学微课本质[N].中国教育报,2014-11-05.

(二)按照课堂教学的主要环节进行分类

按照此分类法,微课的类型可以划分为课前复习类、新课导入类、知识理解类、练习巩固类、小结拓展类。其他与教育教学活动相关的微课类型还包括说课类、班会课类、实践课类、活动类等。

(三)按照制作方式和文件格式分类

按照微课的制作方式和文件格式,将微课分为拍摄型、录屏型、动画型、改良型和幻灯片型等类型。

1.拍摄型微课

拍摄型微课是指微课制作者在一定的教学环境中,利用摄像设备对教师所讲的知识点或者是学生学习的过程进行记录并制作而成的微视频课程,它最大的特点是教师出镜授课。虽然微视频中的师生之间没有进行直接交流,但教师的神态、表情、动作等仍然会对学生的学习产生影响。因此,教师的出镜将有助于形成师生互动的良好氛围。拍摄型微课一般会让教师与教学课件同时出现在屏幕上,从中进行教师图像与教学课件图像的置换,它既有静态的也有动态的。拍摄型微课较多地应用于语言类和操作类课程之中。例如,识字教学与日语中的单词教学,二者都属于突出字词的发音教学。一方面,教师在教授学生识字、读单词的过程中,既要为学生示范标准的读音,又要给学生演示正确的口型;另一方面,由于发音教学自身的局限性,如课程内容枯燥乏味,教师的出镜则会使学生的学习过程更加人性化。

2.录屏型微课

录屏型微课是指微课制作者在计算机中安装录屏软件,录制教师通过教学课件如基于绘图软件、手写板输入软件等形式制作的课件,直接用教学课件呈现教学过程,并同步录制教师的授课声音以及屏幕操作行为生成的微视频。在录屏型微课中将不会出现教师、实物教具以及现实的环境,其仅仅显示电脑屏幕上的文字、图片、流媒体等内容。此种类型的微课适用于需要呈现较长篇幅文本的课程以及具有严密逻辑关系的课程。例如,在阅读教学的过程中,教师需要为学生呈现出大篇幅的文章、文本;在数学例题教学过程中,教师需要一步一步地演示解题步骤等。

3.动画型微课

动画型微课主要是利用相应技术,如应用动画技术和绘画艺术制作而成的微视频,其最突出的特点就是浓厚的趣味性与可操作性。动画型微课主要有两大类常见格式:①视频格式,它只能观看不能操作;②动画格式,它既能观看又能操作。其最主要的功能就是有效地帮助学生在学习的过程中理解一些需要进行空间想象的抽象图形及其运动变化的过程。例如,动画型微课教学比较适用于几何课等,学生在观看这类微课的同时,能够对一些现象进行观察、实验操作模拟、动作训练模仿等。

4.改良型微课

改良型微课的内容主要来源于学校常规课的教学内容,部分微课是课堂实录小片段。在微课这种形式出现之前,这类影像素材通常被制作成完整的课堂教学视频或者直接作为资料存档;微课产生并兴起之后,这类影像素材便有了新的用武之地。改良型微课是指在常规课堂教学录像基础之上加工而成的一种微视频。改良意味着它必须按照微课的要求,在原视频素材的基础上为达到课堂教学的目的而进行加工制作。其制作方法主要有:①将原来比较长的视频剪辑为一个或多个短视频;②在新的视频加工过程中删除与教学知识点关联性不强的部分,如课堂互动、学生的作业布置等;③加工制作成清晰明了的、突出重点的教学课件并显示效果;④加工设计教师授课时的画面与课件画面的镜头导播切换;⑤增加或重新制作片头片尾,体现微课的基本信息。

5.幻灯片型微课

由于持续播放连续运动的画面是影像视频最为本质的特征,因此,幻灯片型微课可以看成是一种广义的影像视频。因为这种微课不受限于严格意义上的视频格式,所以其就不需要微课制作者使用视频制作软件,教师在幻灯片等演示幻灯片的软件中制作就能够实现流媒体效果,这种微课非常适合普通教师进行操作。运用幻灯片制作并动态播放幻灯片型的微课,以文字、图片、音乐等媒体形式的恰当配合,其动态有声的形式也可以很好地体现微课的优势和功能。这类微课适用于具有情节性、故事性、思考性的教学内容。

第二节　微课对高校英语教学的影响及意义

一、微课对高校英语教学的影响

在社会经济发展的过程中,我国的教育事业也不断发展创新,在教学过程中应用的手段和工具的种类也逐渐增多,近几年来微课逐渐进入人们的视野,并且在短短几年的时间内占据了较大的市场。[①]

(一)微课对高校英语听说教学的影响

高校英语课堂的时间十分有限,就高校英语教学的现状而言,在课堂上,教师授课的时间较多,也就是说,学生的听说练习时间非常短,这样在课堂上并不是所有学生的听说能力都能得到练习。一般来说,听说练习的内容相互关联性比较强,非常适合归类整理练习,这样的特征刚好符合微课的设计要求。微课能够将同一主题的听说练习内容集中在一起,在较短的时间内让学生有练习听说能力的机会,同时又不会占据太多的上课时间;以微课的形式向学生们展示知识也减轻了教师的负担,让教师能够更加灵活地

---

① 于小菲.探究微课对大学英语课堂教学的影响[J].校园英语,2017(22):15.

安排课堂时间。

（二）微课对高校英语读写教学的影响

英语读写即为阅读和写作两个方面。首先是阅读，在传统的课堂上，阅读的内容几乎仅限于课本以及教师演示文稿的展示，且阅读的形式一般都是教师引领着学生进行阅读学习，学生在课堂上几乎没有自主阅读的时间，这样不利于学生阅读能力的提高。微课能够根据大学生英语的学习情况设计不同类型的阅读题，利用信息技术为学生提供更多优质的阅读内容，同时练习的形式新颖，非常有利于大学生提升阅读能力。写作是英语教学中非常重要的内容，但是在现代的高校英语课堂中，给学生提供当堂练习的时间几乎是不可能的，因为一篇英语作文的书写会占据很多的课堂时间，以英语写作为主的微课设计的内容有词汇以及句型的展示和练习，同时还会对词汇及句型的应用展开分析，用非常精练的语言和形式使得学生在学习过程中提高了写作的能力，而这个过程所花费的时间是比较短的，非常适合教师在课堂上利用和展示。

英语学习在当今社会的重要性是不言而喻的，但是大学生的课堂英语学习时间非常有限，而学生的课余英语学习效果又不能得到有效的提升，因此，利用适当的工具和手段来提高大学生英语课堂学习效果就成了当代教育事业发展中值得思考的问题。微课的出现和普及是高校英语课堂教学的有利工具，微课能够在不影响授课进度的情况下给学生提供一个学习的平台，极大地丰富了高校英语授课的内容和形式，有效地提高了大学生的英语水平。

二、微课对高校英语教学的意义

（一）有助于学生集中注意力学习

事实上，人的注意力集中的有效时间非常短。微课教学视频的时长是

10分钟左右,正符合学生集中注意力的有效时间。传统的课堂教学多是教师的"满堂灌"或"一言堂",学习主体很容易注意力分散。如果能在课堂教学的某一环节使用微课教学视频,不但可以丰富课堂内容和教学形式,而且可以转换学习主体的思维,重新吸引学习主体的注意力,从而提高大学英语课堂教学效果。① 为了提高教学效果,教师应该想方设法集中学生听课的注意力。心理学研究表明,只有经过注意的信息才有可能成为学习主体认知结构中新的组成部分。微课教学视频设计精致、紧凑,形象生动,能使学习主体的大脑皮层形成广泛的兴奋点,从而促使他们注意力高度集中,这样他们的记忆就更加清晰,才能对所学知识达到最佳的记忆效果。

(二)有助于激发学生的英语学习兴趣

兴趣是人们力求认识某事物和从事某项活动的一种意识倾向。学习兴趣作为一种积极活跃的心理因素,对学习起着催化剂的作用。一旦激发了学习主体的学习兴趣,学习主体便会产生强烈的求知欲,从而积极主动地去学习英语,学习也就不再是一种负担,而是一种享受、一种快乐。学习活动的成功在某种程度上取决于学习者对待学习的态度,而学习兴趣有助于其树立积极稳定的学习态度。微课的时间很短,其视频时间一般以10分钟左右为宜。在简短的时间内,其教学内容也就相对较少。基于教师能力和学生兴趣,化繁为简、短小精悍,学生易于掌握。

作为一种教学视频,微课将声音和影像融于一体,使语言信息与具体情景相结合,实现了多维传递信息。再加上微课是一个多元化的资源包,学生既可以根据所需观看不同素材的视频,又可以根据自身的实际随时观看。因而,微课以其短小精悍、主体明确、学习方式灵活、适用因材施教等特点,恰好可以激发学生的学习兴趣,让英语学习成为一种精神享受,进而促使学

---

① 袁彩荣,惠霞.浅析微课在大学英语教学中的辅助作用[J].吉林省教育学院学报,2015,30(27):65-66.

生大大地提高学习效率。

(三)有助于培养学生的英语自主学习能力

作为在线教学视频,微课已经被广泛地应用于在线学习。再加上现代网络的发展和计算机及智能手机的普及,使自主学习成为可能,教师把提前设计、制作好的微课上传到网上,学生便可以根据实际需要,随时随地观看。微课学习方式自由灵活,自主学习空间也大,学生可以自己选择学习时间和学习地点,学习也就不再仅仅局限于课堂了。可以说,微课给传统课堂教学模式中的学生自主学习提供了充足的视频资源。此外,微课可以激发学习主体的英语学习兴趣和动机,而兴趣可以帮助他们树立积极稳定的学习态度,稳定的学习态度又能充分调动和发挥学习主体学习的积极性和主动性。学生自主性越强,学习效率就越高,往往会达到事半功倍的效果。

(四)有助于高校英语教师因材施教

大学生的英语水平参差不齐,微课在高校英语教学中的广泛应用不仅可以方便教师因材施教,而且可以解决学生心理素质上的差异。例如,一些基础差的学生可以反复播放微课视频,可以针对自己学习中的问题选择适合自己的素材来观看。在传统课堂上,教师一般不可能多次反复讲授某一知识点,而微课正好可以弥补这一缺憾。在传统课堂模式中,教师通常只能根据大部分学生的水平来讲授知识点,讲得太深奥,基础差的学生听不懂;讲得太肤浅,基础扎实的学生无法学习更多的内容,因此,知识点偏难或偏易都不妥当。而微课恰好可以解决这一矛盾,高校英语教师可以根据自己对学生水平的了解,分别制作一些适合他们的微课视频供其观看学习,学生可以根据自己的学习情况有选择性地观看微课学习资源,这样就能让教师真正做到因材施教。

(五)有助于促进英语教师的专业发展

为了做出优秀的微课视频资源,高校英语教师要有一定的拍摄和录制能力。拍摄时灯光的设计、构图的选取、声音的调试等都需要教师一一解决。因此,微课的应用无疑提高了教师的资源实践能力。此外,微课教学设计独特,明确与细化教学重点,提高了教师的专业能力。不同于传统课程,微课的教学内容更加精简,教学主题更加清晰,教学目标更加明确。在 10 分钟左右的时间内采取合适的方法,运用合适的媒体,采用合适的策略,把一个知识点传授给学生,这不仅要求教师对业务知识了解透彻,而且要对教学设计考虑得更周到,对教师专业技能的提升和教学方法的完善都有很大的帮助作用。毫无疑问,微课可以促进教师专业技能的快速发展。

显然,微课可以有效地弥补传统高校英语教学模式的不足,灵活地应用于多种学习情景。它能有效地吸引学生的注意力,激发学生的英语学习兴趣,实现因材施教,促进教师专业技能的发展,从而提高高校英语教学效果。因此,我们应积极利用这一先进的教学模式为英语教育教学服务,将微课与传统教学模式结合起来,取长补短,以传统高校英语教学理念来推动微课教学,以微课教学辅助传统教学,最终实现高校英语教学的目标。

第三节 高校英语微课教学的构建路径与教学实践

一、高校英语微课教学的构建路径

(一)依据学生实际需求合理设定微课内容

教师应该根据学生学习语言的具体需要来确定微课的开展方式,教学的内容须合理而丰富,以获得预期的教学效果。[①] 大学阶段学生学习语言的

---

① 汤海丽.高校英语信息化教学改革与微课教学模式探究[M].北京:冶金工业出版社,2018:78.

需求主要有两个方面:一是需要学习一些英语课程的基础知识;二是提高自身使用英语的技能。教师可以以此为目标来设计微课。针对学生学习基础课的需要,微课中要包括大学四六级考试的相关内容。教师应根据高校英语的教学目标,按不同的内容和顺序设计微课的内容,如语义知识和篇章结构知识。

对学生进行听力、口语、阅读及写作能力的培养也是高校英语教学中的目标,教师应该据此目标制作一些相关的微课视频,方便学生根据自己的需要来选择学习。将微课引进教学进程后,教师应当及时建立起一个方便、快捷的交流平台,引导学生在这个专用平台上开展交流,讨论遇到的问题,潜移默化地提高他们参与微课的热情。

(二)重视微课资源的选择并保护相应权利

微课的教学视频是微课重要的教学资源,所以必须做到制作精良、选择准确、共享便捷。视频类资源是微课视频的制作基础。目前我国网络上的各类视频资源质量良莠不齐,因此需要制作者针对大学语言教学的需要进行精心的筛选,努力制作出质量上乘、丰富实用的微课视频,让微课教学健康有序地在高校英语教育中发挥应有的作用。

从法律层面看,我国的互联网资源在产权保护及共享方面还缺少严格而周密的相关规定。因此,高校和教师都应提高这方面的意识,在积极投入人力、物力、财力,加快制作微课视频的进度的同时,也要注意保护好属于自己的微课视频的著作权。只有做到发展和保护并举,高校英语微课教学才能沿着健康高效的道路前进。

(三)教育相关部门统一微课的教学观念

教育部门在统一部署安排微课的发展过程中,需要进行大力宣传,鼓励更多英语教师参与微课教学,不仅要接受微课,还要学会自己制作微课课件。教育部门不仅要指引教师制作微课,更要从思想上引导教师,帮助他们转变传统的教学观念,从而树立起新的教学目标。微课的本质就是让学生成为教学课堂里的核心和中心,英语教师根据学生的需求设计微课并运用于学生,那么在制作微课的时候,可以用多种多样的方式和形式来展现课堂内容,将学生的喜好融入微课当中,从而提升微课的趣味性和独特性。除了充分调动教师参与微课制作的积极性,教育部门还要对微课的内容进行正确的引导,使这种新型的教学模式与传统的教学内容相适应、相呼应,从而最大限度发挥微课视频的功能,使其能更好地对传统教学的内容进行补充和升华,让学生们在英语课堂上加强吸收课程内容,增强获得感,并且通过不断的练习,更好地理解教学内容。

(四)为英语教师开通微课制作技术培训通道

制作优质的微课视频离不开英语教师的熟练操作技术,教师们不仅需要掌握最基本的微课理论制作知识,还要克服各种技术难关,掌握视频制作的基本技巧,熟练操控微课制作的应用软件。微课视频的制作对很多教师来说会很难,仅依靠个人自学无法完成制作任务。

有些英语教师在微课视频的制作过程中碰到困难和阻碍,甚至产生了放弃的想法,面对教师们的畏难情绪和不自信的情况,有关部门需要积极开展相关培训活动,开通技术支持通道,鼓励教师制作微课视频。此外,学校也要充分利用整合校内外资源,搭建校园沟通内训平台,并且可以专门聘请技术人才来培养英语教师制作微课视频的能力。各部门同学校齐头并进、联手合作,才能解决教师的畏难情绪和在实际操作中会遇见的障碍困难,从而激发积极创作微课视频的动能。

(五)组建英语微课视频的研发队伍

只凭借个人力量无法制作具有高品质、特色化的英语微课视频,要想将所有教学资源进行整合和重组加工,并且制作出完整的微课视频,需要依靠团队的力量来共同完成,这个过程消耗大量的物力、精力和人力。相关部门要组建专业队伍研发英语微课视频,尤其是教育部门要进行牵头,充分整合所有教育资源,调动科研立项和资源整合来吸引更多的专业化人才,尤其是视频制作方面的技术人才,从而形成新的教育团队,通过合理的人员分工共同完成制作英语微课视频。英语微课视频的制作不仅要高质量、高效率,还要有系列化的内容。需要有关部门积极推进英语微课视频制作团队的构建。多开展英语微课视频的项目活动,如以小组专题研讨的形式开展英语教师的交流活动,以培训授课的方式组织英语教师进行微课视频的制作与设计。总之,以团队的方式加强英语教师制作微课视频的技术水平。

(六)强化英语微课视频的系统性

英语微课视频之所以需要具备一定的系统性,是因为一门学科的形成离不开知识结构框架的组建,所以,团队在分工制作英语微课视频时,首先需要重视并强化微课视频的系统性。微课视频可以围绕辅导教材的内容进行展开。将英语教材知识融入制作过程中,从而形成系统化的视频内容,以便于微课视频应用于英语教学课堂和教学方法。系统化的微课视频有助于英语学习者及时获取英语知识、形成完整的知识框架、掌握英语学习的技巧方法、熟悉把握英语学习的重难点,并且能够有的放矢,在薄弱的地方加强学习、在擅长的地方加强巩固,让学习者的英语综合能力得到不断提升的同时,形成自己的学习方式和学习思维,大大提升学习者的积极性和自信心。

二、高校英语微课教学的实践

(一)基于微课的高校英语阅读教学实践

1.高校英语阅读教学现状

培养学生的阅读能力是高校英语教学的主要目标。英语是跨文化交际的重要工具。新时期的高水平人才要拥有良好的英语听、说、读、写能力,能读懂一般题材的英语文章,能自行总结文章要旨和相关信息,掌握有效的阅读方法。目前,我国高校的英语教学现状:一是我国高校的英语阅读教学基本采用的是"填鸭式"教学。教师照本宣科地讲解教材中的知识,内容空洞、杂乱,教学针对性不强。二是部分英语教师过度关注学生的成绩,而忽视学生的学习细节和主观情绪,在讲评作业时只判断对错,未对错题进行详细的分析和指正。他们没有给予学生应有的鼓励和引导,打击了学生学习英语的积极性。三是教师在素材选择上过于刻板,选取的课例文章以历年四六级真题为主,只关注学生的练题量和对错情况,对答案背后的疑难问题快速带过。这会导致学生上完课后仍然云里雾里,不知道正确的答题思路。四是大班集体授课的方式增加了教师的教学负担,使得教师无暇顾及每位学生的学习进度。部分基础薄弱、理解能力较差的学生跟不上课堂节奏,难以掌握知识点。①

2. 微课在高校英语阅读教学中的现实价值

(1)激活学生的能动性。微课对海量教学信息进行提炼、浓缩,确保呈现给学生的内容都有明确的指向性和关联性,能引导学生主动求知。在高校英语阅读教学中引进微课,可以将枯燥的词汇和句型分析、语法规则讲解、段落大意归纳等任务融入视频中,用动态的感官体验来增加学习的趣味性,让学生直观地感受到英语的魅力。微课能利用智能手机、平板、电脑等移动端,学生可以在寝室、图书馆,甚至操场等任意地点击播放视频并进行学习。微课以突破时空局限的优势让学生根据自己的需求和实际情况合理安排学习时间,不懂的内容可以在线上提问,开放的问答平台可以增进师生互动,培育和谐的师生关系。通过开展微课英语阅读教学,学生能摆脱学习时的被动局面,在相对自由的环境中学习、思考和自测,重新寻回对知识的渴望,从而激活能动性,增强自主学习的能力。②

① 王瑛.微课在大学英语阅读教学中的应用[J].科学咨询,2019(30):37-38.
② 包静.如何提高大学生的英语阅读水平[J].西部素质教育,2018,4(21):69.

（2）优化课堂教学质量。高校的英语课通常是采取各学院混合上课的方式。因此，同班学生的英语基础、学习习惯、学习能力往往大相径庭，这容易阻碍教学计划的实施。教师在英语阅读教学中开展微课，可以将新课中的重要知识点做成视频课件提前放到平台上，让学生自行阅读、揣摩，掌握其中的阅读规律和答题技巧，从而让学生在脑海中搭建思维框架图。学生可以利用自己的课余时间查漏补缺，积累自己的学习经验。基础薄弱的学生可以通过付出更多的精力缩小与成绩优秀者间的差距，能以充足的前期准备来提高课堂学习效率。微课能收集、整合、共享优质阅读教学资源，让学生在真实的教学情境中接触典型、新颖的案例，了解知识背后的历史文化语境，拓宽学生的知识面。学生借助微课平台制订适合自己的学习方案，能有效突破学习障碍。微课充分体现了课堂教学的育人功能。

（3）推进学科交流研讨。微课开发是系统性工程，需要当地学校、教育机构和教育工作者合作，才能保障其质量。以开放、共享为基本理念的微课应用于高校英语阅读教学中，有利于高效整合区域内丰富的教学资源，在教研员的统一规划下确立各年级的英语阅读知识点谱系，防止出现各高校乱开发、乱应用的情况。高校利用微课库组织英语教师集体学习、评课、反馈，能促进英语学科的学术研讨。同时，在校际开辟交流渠道，可以推动各高校的经典英语阅读素材、课件和其他配套材料集中展播，构建高校英语阅读教学的良性竞争网络。基于微课的高校英语阅读教学立足校本、面向全国，有助于设立高校英语区域网上教研新体系。

3.微课在高校英语阅读教学中的应用策略

（1）设计创意微课课件。微课课件的质量决定着微课教学的成败。高校应设立高校英语微课资源开发组，集中开发微课资源，以实用性和创新性兼具的课件吸引学生。英语教师要遵循微课简洁精练的设计原则，应以文章为单位，提取文章中的难点词汇和句型、典型语法进行讲解，由点及面，先从词汇释义着手，再分析句型和段落大意，最后翻译全部语篇，以清晰的逻辑凸显课件主题。

在课件内容的选择上,英语教师可将经典的英文诗歌、英语电影片段节选、英语小说片段节选等作为课例。这类文章有故事情节,人物形象丰满立体,艺术韵味深厚,是良好的阅读素材。学生可以在习得知识的同时接受文化的陶冶。教师可以建立 QQ 群、微信交流群,定期将这类创意课件分享给学生,鼓励学生在学习后匿名留言,提出改进意见,从而强化微课教学的互动性。

(2)重视微课制作培训。要实现微课与高校英语阅读课程的深度融合,各高校应提高英语教师队伍的微课设计和制作水平,使得教师能合理利用各种软件制作精良的课件。高校应重视开展技术培训,邀请权威的高等教育和微课学者到学校考察和指导,组织英语教师集体观摩、学习。高校还可以定期请计算机学院的教师举办微课制作培训活动,介绍微课的制作流程和相关软件的安装使用,现场演示微课的录制和后期制作,全面提升英语教师运用信息技术开展教学的技能。①

此外,高校应为推广微课教学提供政策和资金支持,如报销教师的微课录制费、对制作并分享微课课件的教师进行奖励等。高校还可举办高校英语阅读微课征集活动,鼓励教师报名,收集全校范围不同类型的微课,如词汇速记型、文章翻译型、文化体验型等。学校在公开公正原则下对作品进行投票评审,选出票数最高的微课,对相关制作者颁发证书,以此提高教师在英语阅读教学中制作和应用微课的积极性。

(3)实行动态生本管理。微课具有以小见大、见微知著的作用。高校英语阅读教学中应用微课时应设置科学的反馈制度,以学生自评、教师评价和生生互评保证评价结果的客观性。要让学生习惯在微课平台上学习,教师

---

① 常香莲.基于任务的大学英语阅读教学有效性研究[J].辽宁师专学报(社会科学版),2018(3):45-48.

就要坚持生本意识,尊重学生的个性需求和参与热情,开发人性化的操作界面和功能模块。英语教师应根据阅读理解内容,增加相关文化背景知识介绍和互动环节,将文章中的生词进行合理衍生,用词汇的不同时态造句并请学生回答问题。教师在微课平台上设置"名言警句""风土人情""时事新闻"等模块,向学生介绍英语国家的俗语、名言、旅游资源、民俗文化、国际事件等。其目的是增加学生的知识储备,提升有利于阅读理解的思想认知。教师还可以用积分的方式评估学生的学习情况。学生每日登陆、完成线上考试、解答其他学生的提问、完成教师布置的任务都可以算入积分。教师可将积分纳入学生的期末考核,实现柔性动态管理。

(二)基于微课的高校英语听力教学实践

1.微课应用于高校英语听力教学的现状

听力在英语教学中的重要性,已经得到了越来越多的人的认同。这也说明了听力理解能力的强弱是确保交际能够顺利进行的关键因素。从人类习得语言的顺序来看,听也是处于首要地位的。[①] 婴幼儿总是在经过大量的听的输入的基础上,才逐渐有了说的输出。我国高校英语教学一直面临着困境:一方面,英语听力教学需要小班教学,才能顾及学生差异和实现听说的结合,现实的情况却是许多大专院校都面临着学生多、教师少的局面,往往只能安排大班上课。另一方面,听力能力的提高,需要长时间对于听力练习的投入,而现实是往往每个星期只能安排两到三节听力课。而且,仅有的每周一次的听力课效率也不高。多数课堂的教学模式是教师播放教材录音,学生做教材上的练习,然后教师核对答案。好一些的教师会课前讲解一些相关背景知识,听的过程中提一些问题,听完后稍加讨论。但是,限于学生的人数和课堂的有限教学时间,这些交际活动也往往难以有效展开。近

---

① 范正辉.微课环境下大学英语听力教学新模式探索[J].湖北广播电视大学学报,2014(10):132-133.

年来国内英语听力教学改革体现在三大方向：一是让学生实现听力的自主学习；二是把听说技能的培训结合起来；三是把听力策略的训练融入课堂教学中。微课具有灵活性、开放性和模块性的特点，比较适合英语听力教与学。利用微课进行自主学习，既能为学生提供合适的学习材料，又使学生有一定的选择余地，有一定的自主权。课堂时间就可以省下来为学生提供更多的面对面的交际活动。

2. 微课应用于英语听力教学的优势

微课环境下自主学习模式的理论基础是建构主义。建构主义学习理论认为学习是在原有经验的基础上，构建新的心理表征的过程。通过与环境信息的互动，学习者主动地构建知识，强调学习者的学习主体地位。根据图式理论，人们对于世界的认识是通过在头脑里建立图式来实现的。头脑里建立的相关图式越多，在接触新信息的时候就越容易认知。通过建立不同主题的微课资源库，我们可以帮助学生建立不同类型的图式，这样，在他们听到相关话题的时候，就能够调用头脑里的相应图式，帮助他们理解新信息。当学生积累了一定量的相关图式，他们就可以更多地通过自上而下的认知方式来理解听到的内容，从而提高听力效率。

微课的形式有利于促进学生对于所听内容的理解。由于微课的内容短，不容易产生听力疲劳，故而对于同一内容可以设计不同的练习方式，增进学生对内容的理解。可理解性输入是语言习得的关键。所以促进学生理解是教师的主要职责，是教学中的一个关键环节。教学设计必须从关注教学形式、注重训练性教学向以理解为目标的教学设计转变。利用微课能创建听力学习的真实语境。语言交际能力的培养离不开语境，我们日常的交际活动都是在真实的语境下进行的，脱离了语境的语言是难以理解的。语言知识的不足，有时可以通过语境传递的非语言信息得到弥补。一个微课可以针对一个交际场景以短视频引入，再针对短视频设计不同的练习。

传统授课内容的统一性难以激发学生的兴趣，难以引起有意注意。微课短小的特点使其内容上更容易丰富和更新,学生的选择余地也更大,更容易找到自己感兴趣的内容。内在兴趣的驱动力是强大的,找到了自己感兴趣的内容,学生更容易专注地听,主动地去筛选、吸收自己感兴趣的内容。微课环境下的高校英语听力教学是基于网络的自主学习为主,课堂教师辅导为辅的一种教学模式。这种教学模式便于将教学材料按不同的体裁和内容进行分类,按难度进行分级;有利于学生自主掌握学习进度,高效利用学习时间,具有很大的灵活性,有利于形成个性化的学习方式。对于这种教学模式的实证研究也表明了其相比于传统教学模式的优越性。

3. 基于微课的英语听力教学模式设计

微课的建设具有开放性。资源的建设可以通过征集的方式进行。任何有兴趣的人,只要对相关内容有一定研究,就可以按照规定要求和格式,提交自己的微课作品,这些作品由一些有经验的教师和专家组成的评审组来审核,符合标准的就可以充实到资源库中。这样的资源开发方式,可以保证资源的内容的时效性、形式的多样性,以及内容的丰富性。微课资源的贡献者的报酬是微课的点击率,点击率越高,就相当于对其微课的评价越高,这本身就是一个很好的激励机制。

在微课环境下的高校英语听力教学中,学生是学习的主体,教师的角色和地位都不同于传统教学模式。教师更多的是听力策略的指导者、学习资源的导航者、学习心理的疏导者、学习动机的激励者及学习过程的监控者。在学习进行前,对学生进行水平定级测试,以确定学生的听力水平处于什么样的阶段。根据测试结果,教师给予进入学习模块的指导性建议。学习模块以主题来组织,同一个学习模块涉及同一个主题。同一个主题又按照内容的难易分为阶梯型的子模块。同一个模块的练习任务也按难度设计。这样的设计,可以使学习者能够从最简单的模块开始学习,在完成了一个模块的学习或一个任务之后,进行单元小测验,通过之后,就可以进入下一个模块的学习。学习完下一个模块以后,又对前一模块进行复习,不过复习时的练习难度有所增加。这样循环式学习设计,能够巩固所学知识,使学生容易完成学习任务,容易获得成就感。

在通过微课完成自主听力活动后,教师可以以预约的方式,组织学过同一主题内容的学生参加听后的互动活动。教师可以就一个主题设计不同的交际活动,可以是二人对话的形式,也可以是小组讨论的形式,或者以小组为单位进行小组研讨并将研讨结果进行展示。交际活动方式根据具体的学习内容来决定。遵照"教师主导,学生主体"的原则,使学生能将自主学习的内容活用起来。以学生的实际水平为出发点,通过各种方式加深学生对所学内容的理解,并在语言交际活动中展现他们的理解。

4.微课在高校英语听力教学中的应用策略

首先,教师在准备上课的过程中,提前把主要概念和重点内容列举出来,并录制1~3分钟的视频资料及相关文字资料,做成微课。课前可以让学生反复观看,了解课堂的主要知识点和重难点。学生通过微课学习可以自行做好上课前的准备,或者自行练习听力材料。这样可以有效地激发学生的自主学习能力,提高课堂的授课效率和学生的英语听力能力。学生在上课之前做好准备,也有利于在教学的过程中更好地理解教师的课堂内容,把握重点以及展开和教师之间的互动。[①]

其次,在课堂效果上,使用微课作为一种引导手段,对教师的授课能够起到更多的辅助作用。在课堂教学过程中,教师可以通过10分钟的微课视频,在其中设置相应的场景,把听力的内容和模块融入微课中。例如,听一段听力,教师可以先通过相应的情境解释一些重点单词和语言现象,然后让学生练习,练习完后让学生自主核对并且针对学生的问题进行纠正和讲解。还可以根据学生的水平把听力材料分成不同的模块,让学生根据自己的听

---

① 甘伶俐.微课在大学英语听力教学中的应用与研究[J].科教导刊(电子版),2018(7):172.

力水平选择适合自己的模块进行自学。之后教师再进行有重点的区分讲解或者答疑,实现根据学生基础的差异,进行个性化自主学习。这种方法不仅可以提高课堂效率,还可以激发学生自主学习的积极性,避免学生因为太难的材料而放弃,真正做到了以学生为主体的课堂教学。相比起传统的教学模式,这样一种新颖、灵活的教学模式更易为学生所接受,从而激发他们的学习兴趣,提高语言的习得能力。

最后,在课后的反思和师生之间的互动交流上,教师可以根据学生在上课过程中所遇到的问题,进行课后讨论和反馈。课后的讨论和反思可以充分利用网络资源分享各种教学材料。这样的课堂教学一是能够更大规模地传播资源,帮助更多的人自主学习和参与讨论;二是能够让学生更好地进行自由讨论,发表自己的观点。而教师们在交流的过程中能够了解学生的不同需要,明确学生的兴趣方向,把学生们感兴趣的材料加入微课的内容,让学生在上课的过程中更好地融入课堂,吸引他们的注意力。这样的方法不仅能帮助教师及时更新微课材料,不断发展和丰富资源;还能够充分照顾学生的学习需求,使学生主动参与听力教学的各个环节中,激发其学习动机,提高学生的学习效率。

(三)基于微课的高校英语翻译教学实践

1.高校英语翻译教学的现状

(1)课堂教学时数压缩,教材设置不合理,练习类型单一。目前,我国大多数高校课堂教学时数压缩,但没有针对非英语专业学生开设翻译课。另外,很多学校大部分设置了翻译练习,但只是对教材中出现的词汇和短语进行模仿和巩固,实际上是一种造句。①

(2)学生缺乏翻译实践平台,没有掌握翻译的基本理论和技巧。有些高

---

① 毛红梅,李旭明.微课在大学英语翻译教学中的运用可行性分析[J].佳木斯职业学院学报,2018(12):334-335.

校设置了中国文化、ESP 课程。同时,微课等新兴教学手段也逐步进入高校英语教学领域。但是,学校教学环境不同,尤其是欠发达地区,由于资金不足等原因,英语学习平台缺乏,无法发挥先进教学手段的优势。大部分教师在讲解练习时,基本不涉及翻译基本理论和技巧;学生为了应付考试死记硬背,一旦遇到不熟悉的材料就无从下手,导致出现很多的错误。

(3)翻译教学与行业需求脱节。随着对外交流的日益发展,各行各业对既懂专业知识又熟练掌握外语的人才需求越来越大,翻译成为人才不可或缺的技能之一。大部分教师课堂教学主要培养听说读写技能,翻译可有可无。学生课外学习缺乏有效监督和指导,翻译能力和水平停滞不前,与各行业对人才的要求相去甚远。

2. 微课应用于高校英语翻译教学的可行性

大学英语翻译教学是大学英语教学的核心组成部分,也是完善当今大学生综合能力的基础,微课作为一种全新的教学模式,在大学英语翻译教学中的应用存在极强的可行性与必要性。[①]

(1)从学生角度来分析。学生是教学工作的参与者,教学的目的便是为学生服务,让学生掌握更多的知识,翻译教学是一种综合能力的体现,不仅需要学生掌握一些技巧,同时也需要对丰富的语法、语境及单词量进行把握。微课作为一种较新的教学方式,其比较典型的特点便是语境的呈现,搭配传统教学中学生对于单词量、语法结构的把握,更加有利于学生的学习。同时当今学生个性化特征明显,他们对互联网表现出极大的热情,而对传统教学方式有着不同程度的排斥心理,微课可以有效弥补这个不足,不仅可以满足学生课堂学习的需要,同时为他们课下学习提供了更好的平台。

(2)从微课本身分析。微课短小精悍,教师只需要将课堂的各个知识点

---

① 谭佳奇,杨胜男.微课在大学英语翻译教学中应用研究[J].山西青年,2017(3):34-35.

具体化,搭配翻译语境或者实例,制作出来上传网络,这种呈现方式不仅可以更好地为学生提供学习的机会,同时因其短小的特征,不会占用太多的时间,且重点突出,对于一些翻译教学中翻译方法及细微重难点的突破有较大的帮助。微课本身还有着明显的时效性,学生不用带着厚厚的资料翻看,只需要在不懂的时候进入微课平台,根据自己的情况进行关键词检索,很快便可获得一手学习资源,便利的同时还能起到良好的效果。

(3)从教学过程来分析。微课进一步细化了教学过程,学生可以根据微课内容进行课前预习,教师则可以根据学生的掌握情况进行进一步指导,课后如果学生有什么不懂的地方还可以主动借助微课查缺补漏,教师则可以搭配微课,通过即时聊天工具与学生进行实时沟通,最终令微课不断融入学生生活,变成一种生活方式。微课鲜活的教学方式还可以打破传统枯燥的翻译课堂教学环境,丰富课堂教学的内容,进一步激发学生课堂学习的积极性,教师也可以借助微课有条不紊地展开课堂教学。

3.微课在高校英语翻译教学中的应用策略

(1)完善微课教学内容,增强学生的翻译能力。应用微课并保证教学质量,要保证微课教学内容能实现教学目标。教师在制作微课之初,要围绕小节的教学目标确定相应的翻译理论及原则,或翻译策略和技巧,再围绕这些翻译理论、原则、策略、技巧,制作新的微课或加工现有的微课资源,使其更有效地服务于教学。教师可以先让部分学生学习微课,让学生审视微课的制作效果,并与学生分析微课选材,再确定优化微课的方案,制作更完善的微课。也可以通过制作一系列有主题的翻译习题,督促学生巩固已学的基础知识和翻译细节。首先,教师在设计翻译习题时,要充分考虑学生的学习情况和日常学习表现,有针对性地考查学生的学习能力和掌握情况。其次,教师可以从学生熟悉的角度入手,让学生体会如何将翻译问题与实际相结合,找到实际问题与翻译技巧的契合点。最后,在制作教学微课视频时,教师可以截取一些英文电影中的片段、经典文学作品中的字幕等内容,让学生体会不同应用情境下的翻译技巧,督促学生整理翻译技巧。微课的应用,可以让学生课前及时了解接下来要学习的翻译内容,课后再借助微课视频复习巩固所学知识,培养英语学习的积极性,提高英语学习的自信心。[①]

(2)创设英语专业翻译教学情境,培养学生的翻译思维。翻译技巧认识越深入,学生的英语翻译思维空间越开阔。教师在英语课程中应用微课进行翻译教学时,可以创设英语专业翻译教学情境,引导学生思考英语知识,培养学生的翻译能力。英语这门课程虽然不能用大量时间进行翻译教学,但是它有文本作为翻译实践的载体,有具体的、优质的、覆盖英语人文知识的英语文本,具备一定的文体风格,这是这门课程进行翻译教学的优势,更有利于学生在翻译学习时借助阅读英语文本提高对翻译的认识。在实际翻译教学过程中,教师一定要突出学生的主体地位,为学生准备更丰富的学习材料,鼓励学生课上积极分享翻译经验,找到学生普遍感兴趣的点。在具体教学过程中,教师要有意识地引导学生预习抽象且代表性强的知识,并在课上创设英语专业翻译教学情境。同时,教师在利用微课开展教学难点教学时,可以引导学生逐步建立对英语翻译知识的感性认知,让学生逐步掌握英语知识,应用英语翻译方法解决实际英语问题。教师要合理控制微课教学难度,充分考虑学生的实际分析能力,让学生逐渐提高对英语翻译知识的认识。思维能力差的学生往往对翻译陷阱比较多的问题认识不到位,抓不住翻译问题的关键。因此,教师应该注重挖掘教材重要知识之间的联系,在引导学生掌握基本的翻译训练解题技巧的基础上,鼓励学生挖掘隐性的翻译知识,增强学生的翻译分析能力。

(3)结合微课创设词汇翻译语境,提高学生对翻译技巧的认识。翻译的语境分析在高校英语翻译教学中的应用是较广泛的,教师应该仔细思考适

---

① 朱桂花.微课在英语专业"基础英语"翻译教学中的应用[J].文教资料,2021 (1):216−217.

合学生提高英语翻译水平的方法,帮助学生理解词汇在句子中的含义。微课可以为学生提供全新的学习环境,帮助学生更好地认识翻译问题。翻译是在一定语境中进行的,学生可以通过语境认识整句话的大体含义。英语专业词汇的熟词新义很多,多数学生只掌握了熟悉词汇的用法,却不能理解词汇的新用法。这就要求教师帮助学生全面理解英语词汇,特别是让学生理解词汇所对应的引申意义。在英语翻译题型中,多要求学生不仅翻译句子本身的含义,还要联系上下文,理解词汇在整个句子、文章中的作用。一个词汇往往有多种含义,且不同的含义对应不同的语言环境。教师应该让学生在具体语境中理解词汇的含义,并理解词汇在不同语境中含义的区别。部分学生虽然理解不同词汇的含义,却不能将词汇放在合适的句子中。例如,教学"suppose"时,教师如果想让学生更好地理解词汇在不同句子中的翻译,可以结合具体的语境加深学生对该单词的记忆。教师可以结合自然语境,让学生理解"What makes you suppose this thing?""It was generally supposed that it would happen."两个语境中词汇的含义,加深学生对该单词"认为、猜想"的含义的理解和认识。学生通过在微课语境中认识不同的词汇表达方式,逐渐加深对翻译问题的认识。可见,教师应该加强学生对词汇和语境之间的对应记忆,让学生深入理解单词,增强阅读理解能力。

(4)开展微课制作专题讲座,提高教师的教学水平。只有不断地学习和交流,才能够找到更多提高英语翻译教学的方法,从而真正提高翻译教学质量。其中,英语翻译教学工作的开展,离不开教师精心的课下教学设计与课上教学引导。微课是当前热门的教学方式,可以激发学生的学习兴趣,也可以加深学生对英语翻译技巧的印象。教师可以从学生感兴趣的角度积极挖掘现有的英语教学内容,并将教学内容以学生感兴趣的方式展示出来,真正培养学生的翻译能力。教师也可以开展微课制作专题讲座,鼓励所有教师参与讲座,并分享教学经验。同时,学校可以邀请一些专业领域的教育专家,为学校教师提供专业的指导,解决不同教师在微课制作时存在的困惑。

比如在关于微课制作内容的主题讲座中,教师可以与教育专家进行密切的沟通和交流,了解如何通过微课制作内容循序渐进地引导学生了解当前英语教学方法,真正提高教师的教学水平。教师还可以开展教研活动的模拟讲座,让拥有丰富教学经验的教师分享教学经验,并深入剖析不同学生的学习情况,真正解决实际问题,提高英语教学水平。

(四)基于微课的高校英语写作教学实践

1.微课应用于高校英语写作教学的优势

(1)短小精悍,提高学生学习效率。微课的教学时间较短,一般集中在20分钟以内,与长达45分钟的传统课堂教学相比,具有极强的灵活性与趣味性。学生是心理年龄相对不成熟的群体,难以保持长时间的精神集中,过长的课堂时间难免会降低学生对注意力的控制,尤其是在学习英语写作这种非母国语言的课程中,学习质量难免会有所下降。微课短小的特点符合学生注意力的集中机制,也符合学生的学习规律,能够大幅度提高学生的学习效率。同时,微课是一种全新的教学资源,以使学生从古板的传统课堂中解放出来,从大量的学习内容中解放出来,从灌输式的英语写作教学中解放出来,而走进一种针对性极强的自主学习。在这个过程中,学生的学习积极性能够得到极大的调动与提升。微课教学旨在解决教学中的"点"(包括重点和难点),因而相较于传统课堂一节课庞杂繁复的学习内容而言,它内容少、重点突出、教学目的明确,能达到良好的教学效果。①

(2)符合教育信息化的时代需求。现代网络科技的日益发达,以及实时通信技术、无线网络技术的进步促进了我们日常生活的便捷性与信息化。在这样的背景下,"实现现代教育信息化"成为时之所趋,并作为教育界的重大议题被提上日程。在当今的教育背景下,各种在线教育、网络课程、跨国

---

① 洪丽娜.探究微课在英语写作教学中的应用[J].长江丛刊,2019(29):49-50.

交互教学、教学资源共享、学习软件等层出不穷,让教育在科技的带动下开出了一片片绚烂的花丛,学习的资源与形式实现了前所未有的多样化。在这样的背景下,将微课应用于英语写作教学,就是一种对教育信息化的良好回应与互动。

(3)不受时间和场地限制,培养学生终身学习的意识。微课教学摆脱了传统课堂场地在教室的限制,也摆脱了时间限制在课堂内的不可逆的限制,可供学生在课后随时随地下载观看学习,亦可保存下来随时巩固。想要学好英语写作绝非一蹴而就,而是在不断地培养、练习过程中逐渐积累起来的一种写作能力,并且需要与其他学习者一起交流。因而相比其他学科的学习,英语写作教学更加需要微课这种"随时""随地""随心"的学习范式。换句话说,微课让英语写作教学能够无时无刻不在学生面前展现。在学习英语写作的过程中,微课是陪伴学生终身的一个"好教师",也是一个"好拍档"。

(4)弥补了传统英语写作教学的弊病。传统的英语写作教学,除了时间场地必须限制在课堂和教室之外,教与学的模式也呈现单一化的弊端。传统英语写作教学一般由教师发布一个写作主题,学生按照要求完成英文作文的撰写。教师则通过对学生习作的批改发现学生存在的问题,通过集体讲解的方式指出相关语法、句法、词汇等方面的错误。随后学生按照教师的讲解修改、润色自己的作文。这样的写作教学存在很多问题:其一,没有因材施教,针对性不强;其二,写作占去课堂大半时间,教学重点不突出;其三,多从语法、词汇等表面问题出发,没有涉及写作的精髓,学生难以达成显著的进步。微课在解决以上问题的过程中取得了良好的教学成果。微课让英语写作教学的方式、目标、资源以及师生间同学间的互动交流、学习练习巩固过程得以重构。学生可以通过网络,在微信群、QQ 群等社交平台上,与教师同学进行头脑风暴式的学习,一些性格腼腆的学生也能够大胆展示自己。这样的课堂必然是摆脱了传统课堂古板、笨重的氛围,以及纠正了师生关系不对等的问题。让英语写作教学在对传统英语写作课堂的翻转中,在获得良好学习心态的同时,实现教学的最终目的,即提高大学生的英语写作水平。

2.微课应用于高校英语写作教学的必要性

(1)当前英语写作教学的现状。主要表现在以下两个方面:

第一,教师主导教学过程,学生主观能动性被压抑。不单单是英语写作课堂,在很多科目的传统课堂中,教师习惯以"灌输"的方式将教学内容注入学生的头脑,运用的方法也大多都是枯燥无味的讲授法。任何不以学生为主体的课堂都是失败的课堂,任何"灌输式"的教学模式都会降低学生对学习的积极性。在缺乏了趣味性和主动性的英文写作课堂中,学生的学习效果必然会大打折扣。

第二,教学内容把握失当。时至今日,就算是很多有经验的老教师,在英文写作的课堂上依然单方面地追求语法的准确、单词的拼写正确,而忽略了文采对于一篇英文作文的重要意义。作为一门实践性极强的课程,英文写作的教学目的在于提高学生的英语写作水平和书面表达能力。学习语法的目的在于写作阅读,如果将语法与作文的文采割裂开来,忽视了英语语言美感与熟练度的培养,那只会导致枯燥的语法知识与现实写作实践之间形成断裂与脱节。因此,微课作为一个针对性强、以学生为主导的教学工具,应用于英语写作教学中就显示出其必要性。

(2)英语写作的重要性。虽然当下的高校教育,取消了大学英语四六级证书分别作为获得学士学位、硕士学位的必要条件,但英语在实际中的应用却显示出越来越重要的意义。在应届毕业生人数逐年增长的就业形势下,如何在众多的毕业生中脱颖而出,成为一个重要的择业与生存命题。在供过于求的就业市场中,拥有优秀的英文写作能力无疑为个人的就业机遇增添了一个不小的砝码。

同时,随着改革开放进入一个新阶段,越来越多的社会单位、企业将会更看重学生的海外教育背景。这个过程中,英语作为海外求学的敲门砖与必备技能,也彰显了英语在国民教育体系中的重要性。在高校英语等级考试乃至雅思、托福考试中,英语写作占据了大量的分值,成为关系到考试是否成功的重要环节。如何提高英语写作的教学质量,促进学生英语写作的能力与水平,这是教育行业尤其是涉及海外教育的行业所亟待思考的一个问题。

在手机、笔记本电脑、平板等数码通信产品更迭发展的今天,可以说微课这一教学模式获得了良好的生存土壤。微课利用手机等拍摄工具,将教学视频传到网上,供学生各取所需地进行观看学习。一方面在英语日益彰显其重要性的当下可一定程度缓解学生谈英语"色变"的恐惧心理;另一方面也以崭新的移动端视频教学形式吸引学生学习英语写作的积极性。这种新鲜而又充满趣味的学习范式,对众多对电子产品爱不释手的人们来说都是极具吸引力的。

3.微课在高校英语写作教学中的应用策略

(1)努力地克服微课的应用难点。想要实现微课在英语写作教学中的有效与全面应用,就必须对存在的难点和问题进行分析与克服。教师必须准确把握教学工具与教学内容之间的关系,才能将微课促进英语写作教学的作用发挥出来。

第一,教师必须提高自己的专业素养。这种素养不但包括英语专业素养,也包括制作微课所必需的编辑视频、运用电脑软件的素养。只有具备了这两方面的过硬素养,才能为微课在英语写作教学中的应用与推广奠定可靠的基础。

第二,微课是以学生为主导的学习模式,教师在创建微课教学视频的时候,需要注重转变传统的教师自我定位。如何从学生的角度出发组织教学内容,这对英语教师来说是一个不小的挑战。

第三,及时收集微课教学的反馈也是难点所在。教的目的是促进学,因为微课超越了一般时间场地的限制,学习进程具有很大的自由性,这在一定程度上使教师如何及时、准确收集每一个学生的学习反馈成为一个难点。

（2）微课在高校英语写作教学中具体应用的策略。

第一,利用微课为新课教学做准备。在正式的课堂展开之前,教师根据英文写作课程目标制作相关的微课视频,为学生的课堂学习做好到位的预习工作。

第二,利用微课组织课堂教学。尽管传统英语写作教学存在诸多弊端,但仍有其合理性与微课所不能企及的优势,只有将两者相结合,取长补短,才能更好地提高英语课堂教学的全面性与有效性,实现点面结合。

第三,利用微课进行课后巩固与师生双向反馈。微课的教学内容不仅限于新课的讲授,也用于对重要知识点、难点的总结以及课后习题讲解。教师可根据一阶段的教学内容,针对学生在英语写作过程中出现的问题设计微课内容,将学生的知识面从课内拓展到课外,从根本上提高学生的英文写作水平。

第三章

数字化背景下英语慕课教学

慕课教学具有大规模、开放性和在线的特征,是一种把教育扩大到课堂之外的教育模式,它以学生为主体,教学形式更为灵活多样,学习者有更多的选择空间,可以缓解师资紧张的压力,更好地分享优质教育资源,促进教育的公平。本章分析了慕课的相关基础性知识,探讨了基于慕课背景学生学习方式的变革,并对慕课在高校英语教学中的应用及相关的内容进行研究等。

第一节 慕课概述

一、慕课的概念

"慕课"即"MOOC",是"Massive Open Online Courses"(大规模开放式在线课程)的简称。Massive 即"大规模",学习人数众多、学习规模巨大;Open 即"开放共享",免费注册,丰富的学习资源向全国乃至全世界开放,学习者的眼界也随之扩展到国外;Online 即"在线"学习和教学,它主要通过网络进行,交流与互动都是在网上;Courses 即课程。① 在"慕课"模式下,整个课堂

---

① 寇雪梅.应用型高校慕课资源开发与利用研究[M].北京/西安:世界图书出版公司,2017:2.

教学和学生学习成为完整、系统的在线实现。"慕课"是包含讲授、讨论、作业、评价以及回馈的教学过程,不只是纯粹的教学或者自学,是融合教师讲授、学生学习的整个教学过程。在课程中,教师的主电脑连接到学生电脑,方便教师观察学生的学习状况。学生如何学习、学习效果如何都会在线呈现,并获得相关的学习反馈。

作为在线教育的最新形态,"慕课"将社交服务、在线学习、大数据分析和移动互联等理念融于一体,向用户提供大规模的免费在线高等教育服务以及生动的学习体验。现今主要有 Coursera、Udacity、edX 三大学习平台负责课程的推广。这三家公司提供模块化在线材料、播放简短视频片段、开展互动问答等活动,通过网上论坛让学生展开讨论、进行学习。实际教学在视频授课之外,横跨博客、网站、社会网络等多个平台。大量来自世界著名高校的丰富课程资源吸引了世界各地的学习者共同在线学习。在各专业教师带领下,学习者可以在线无障碍、无距离地进行学习。

二、慕课的特征

(一)大规模性

"大规模"意味着对于学习者数量不做限制,与传统课程只有几十个或几百个学习者不同,一门慕课课程可以有上万人参加。大规模主要是指大量的学习者,也可以指大规模的课程活动范围。在未来,随着该模式的普及及其影响力的扩大,参与者还会更多,因此慕课是一种巨型课程。①

(二)开放性

开放性是说慕课的学习者可能来自全球各地,信息来源、评价过程、学习者使用的学习环境都是开放的。在美国,慕课是以兴趣为导向,凡是想学

---

① 张春艳.终身学习时代背景下的英语移动学习[M].长春:东北师范大学出版社,2018:208.

习的学习者都可以进来学,他们不分国籍,只需注册一个账号就可参与学习。为此,人们强调,只有当课程是开放的时候它才可以称为"慕课",只有这些课程是大型的或者大规模的它才是典型的"慕课"。因而,慕课学习是一种将分布于世界各地的授课者和学习者通过某一个共同的话题或主题自愿联系起来的学习方法。

(三)非结构性

从内容上看,慕课大多数时候提供的只是碎片化的知识点,是一组可扩充的、形式多种多样的内容集合。这些内容由一些相关特定领域专家、教育家、学科教师提供,汇集成一个中央知识库。这些内容集合的独特之处在于能够"再度组合"——所有的学习资料未必堆砌在一起,而是通过"慕课"彼此关联。

一般而言,在西方慕课并没有一个组织者进行课程的顶层设计。最初它只是一些热心教育的人士或者在一些领域顶尖的专家为传播该领域的知识而提供的"志愿者"服务。后来,有一些大学出于授予学位或学习证书的需要,试图对慕课设立课程标准,以便为其课程与学位提供质量保障。

在我国基础教育领域,当前已经走出了微视频仅仅提供课后辅导的角色,进而试图借助慕课对教学进行改革。因而,在提供碎片化知识的同时,让教师与学生共同理解知识点之间的内在逻辑乃至一门学科的知识也被作为重要的问题提了出来。这就决定了不同国家的慕课建设会有相当的不同,我们把中国未来的慕课学习称为"基于系统设计的碎片化学习",它在结构形态上与西方会有一定的区别。

三、慕课教学的优势

(一)打破了时间和空间的限制

首先,教育的实施方与策划方能够在不受限于时空的情况下,将教学内容、课程与资源上传到网上。随着互联网信息技术的不断发展,互联网内容上传的方式也变得越来越多样,这对互联网平台上知识的更新起到了很大的帮助。①

其次,有助于打破学习者在学习中的时空障碍,也就是说,只要条件合适,能够在网络冲浪的人,都可以根据自己的喜好,自由地进行学习,同时还可以获得及时的学习反馈。这是一种将在线双向交互特点充分发挥出来的教学新模式,与早期的线上课程、远程教学及其他形式的多媒体教学相比,这种教学方式是极有优势的,同时也降低了以前网络课程单向资源提供的缺陷。

最后,没有时间和空间的局限,也就是说,教师们能够在互联网上对学生的学习过程进行精确的了解,在大数据分析的辅助下,就可以对学生的学习状况进行精确的把握,进一步追踪学生的学习进程,探索学生在学习过程中所展示出的共性规律。在搭建慕课平台的同时,应该注重对相关数据的收集,可以扩大、发现学习者对知识点的差异性,从而更好地进行认知科学的探索,总结出行动学中的教学规律,提升学生的学习质量。

(二)教学中以学生为本

1.强调重组课程的内容

对于各个学科专业领域的权威教育者而言,他们能够将事先编写好的多样化的教学资料上传到慕课平台上。在设计这些资源的时候,它们之间并不一定存在相互联系的关系,各部分的教学资源既可以被看作一个独立的学习单元,也可以按照一定的目的、逻辑和意义来对它们进行组合,以此来形成不同的单元集,从而达到对课程资源的利用。

---

① 欧阳魏娜,侯飞亚,刘子涵.大学外语教学中的慕课和翻转课堂研究[M].北京:世界图书出版西安有限公司,2018:41.

2.强调众包交互的课程学习方式

在慕课平台下,众多的学习者组成了一个庞大的学习集体,在真实和虚拟的社区里互相帮助,相互讨论,从而共同解决问题。学生可以通过各种形式的交流,获得比课堂上更多的收益。在此基础上,此处提出了一种基于"众包互动"的课程学习模式,旨在将学习转变为一种具有高度个体化的、能动的构建过程,从而促进终身教育的实现。

3.创新了课程评价方式

从统计学的角度来看,学习者互相评分与教师评分几乎是一致的,因此,只要管理得当,在面对海量的在线学生作业评分需求时,学员互相评分将成为一种十分有效的策略。与此同时,伴随着网络技术的持续发展,慕课平台的程序编订也逐渐满足了多元化的作业评阅需求。

(三)具有较高的教学效率

"大数据"这个热门词,在教育领域也引起了广泛的关注,例如,以学习过程为中心的学习分析,就成了当前的一个热门话题。教育大数据已经成为一种发展趋势,将教育数字化,将教育数据进行合理的运用,对学生在学习过程中产生的各种数据进行全面的分析,并以此为依据,就可以提出具有较强针对性的学习意见和学习策略,在这一点上,慕课处于领先地位。

在慕课教学模式下,可以生成大量有关学生学习的数据,通过分析这些数据,可以更好地了解学生的学习行为和规律,从而对传统的教育管理方式进行改进。

四、慕课教学的创新

(一)"管理"层面的创新

新时期的创业团队,在管理的基础上,拥有更加鲜明的生命力。他们不

61

仅要全面地分析目前的在线教育模式,还要积极地寻找各个方面的合作伙伴,建立强有力的在线教育服务创新同盟。这与传统教育机构的封闭运作方式完全不同,我国高校之间管理层的合作表现出一种谨慎的态度,通过对慕课进行全面的分析,可以制定出一种适合新时期科技创业型企业的运行模式。

在团队构成方式上的革新,使得平台管理方式有别于传统大学。机构不再需要支付制作过程中所产生的成本,而昂贵的视频制作成本和师资授课成本则由专业的制作团队来承担,这就可以看出,这种平台式的合作方式更加适用于当今的创新创业模式,它给了管理机构更多的活动空间,无论是以商业模式还是以非营利模式,它都具有更强的生存能力。①

(二)“教”层面的创新

“教”已经不再是教师一个人的问题,传统高等教育将“教”的过程交给了教师,由教师来负责所有的教学工作和管理工作,仅有助教可以承担其他事情。在慕课时代,“教”是一个团队的共同合作,慕课平台的“教”包含了高质量的视频、在线的疑难点讲解、详细的学生学习成果评估等。教师本人仍然是这门课程的灵魂,但其精力可以完全放在教学内容上,而其他的工作如学生的上课管理、教学设施的基本条件这些可以交给平台的信息系统自动完成,视频现场的录制、视觉效果的调整、后期的制作这类工作则由视频制作团队来完成。

(三)“学”层面的创新

学生的在线学习过程发生根本的转变,同样仅靠平台的信息系统就满足了注册、课程介绍、课程推荐、选课、测验的流程化功能,学习者只要花几分钟的时间就可以开始免费学习世界顶级名校、顶级教授的精品课程。

---

① 陈晓丽.高校英语慕课与翻转课堂教学模式研究[M].成都:电子科技大学出版社,2017:41.

学习时间、地点的自由程度也是慕课方式受学习者追捧的原因,对于在校学生来说,固定的上课时间、上课地点是正常的情景,但是对于大多数需要充电和培训的非在校学习者来说,白天的时间会被工作或者琐事占用,他们不可能花大量的时间停留在固定的地方进行学习,因而他们可以自由地选择晚上或者周末空余时间。此外,移动互联网技术的应用也是增强学习自由度的重要改进,手机应用 App 的推出标志着慕课也进入移动互联时代,用户可以在手机上观看教学视频等,edX、中国大学 MOOC 等平台都陆续推出自己的 App 移动应用。由于一堂课的时间为 20 分钟左右,并且可以随时暂停,学习者在任何地点乘车时、午间休息等利用空余时间都可以进行学习。

第二节　基于慕课背景学生学习方式的变革

一、慕课改变大学生学习方式的优势

慕课以其独有的特点和优势给大学生学习生活带来显著变化,这一系列变化深刻地影响着大学生学习方式的转变。[①]

(一)使学生的学习成为乐趣

传统课堂学习以教师讲授为主,所有学生面对的都是统一的学习内容和固定的学习进度,因此部分大学生对学习不感兴趣,不爱学习。慕课打破了传统课堂学习的局限性,通过动画、图形、影像、声音等多种信息媒体呈现教学资源,为学生提供思考、探究、合作和交流的平台。大学生可以根据个

---

① 　郑立,姜桂桂.慕课与高校英语学习方式研究[M].成都:西南交通大学出版社,2017:163.

人的兴趣、能力、需要选择学习内容,按照自己擅长的方式学习,慕课学习能充分调动大学生兴趣、挖掘大学生潜能、活跃大学生思维,使大学生的学习成为一种乐趣。只有学习成为乐趣,大学生才会以一种轻松、快乐、享受的心态主动投入学习,大学生掌握的英语知识才能牢固,学习能力才能不断提高。

(二)使学生的自主学习成为主流

自主性是影响大学生学习效果的重要因素。在传统的课堂中,教师是绝对的权威,大学生是被动的听课者和课程进度的跟随者。在慕课学习中,大学生真正成了学习的主人,他们掌握着学习目标、学习内容、学习方法和学习材料的选择权和支配权。大学生可以自主设计符合个人需要的学习目标,可以按照学习目标以及各自的情况自主设计、合理安排学习活动,可以自由决定学习的时间和内容,可以选择灵活、多样、合作的学习方式,可以在学习中对自己的学习结果进行反思和评估,可以根据反思评估的结果不断调整、控制学习活动的进程。慕课学习不仅能提高大学生自我约束、时间管理、独立学习、合作学习等能力,而且能使大学生真正成为学习主体,变被动学习为主动学习,使自主学习成为学习主流。

(三)使学生参与学习成为可能

以往的广播大学、视频公开课等在线开放课程一节课长达四五十分钟,往往学生只能被动地听课。而慕课平台上都是10分钟左右的微课程,甚至有些微课程时间更短,这样能使大学生注意力高度集中。慕课在课程之间设置了进阶作业或小测验,大学生只有全部通过进阶测试才能继续学习。如果没有通过进阶小测试就要重新学习前面的内容,直到全部通过为止。慕课学习需要大学生全程参与,直接与教师和学习伙伴进行讨论和交流,这能充分调动大学生学习的积极性和主动性。

二、慕课背景下转变大学生学习方式的途径

高校应充分利用慕课的优势,发挥各方面的积极作用,多渠道转变大学生单调的被动学习方式,形成自主、探究、合作等多样化的主动学习方式。

(一)共享教学资源

大学生学习方式的转变需要各种教学资源的大力支持,只有合理搭建优质教学资源共享平台,多渠道、多模式共享优质教学资源,才能为大学生提供更多学习机会,更好地转变大学生学习方式。

第一,全球共享教学资源。目前,越来越多的世界知名高校加入慕课平台,这些世界知名高校在慕课平台上共享优秀的课程,为广大学习者提供涵盖各种文化背景和不同语言的丰富课程资源。全世界的优秀教师和专家也从不同角度提供了相应的学习素材和教学指导,使世界上任何人都可以免费听自己感兴趣的全世界知名高校、知名教师的课程,使优质教学资源全球共享和全民共享。

第二,不同学校之间共享教学资源。要真正实现校际资源共享,需要充分发挥名校、名课、名师的作用,开放教学资源,使更多的高校大学生受益。重点高校在学科建设上具有自己的特色,可以利用重点高校的这一优势,发挥重点高校对普通高校的拉动和辐射作用,在慕课平台上共享各自的优质课程,充分利用资源优势,加强校际的优势互补;高校优秀教师应在慕课平台上共享自己的优质教学,加强教师之间的业务交流,取长补短,共同提高教育教学水平,促进专业发展。慕课平台还能使更多大学生领略优秀教师的风采,更好地掌握学习内容。

第三,校内共享教学资源。高校应创造各种条件在校内大力开放教学资源,更新、完善教学设施,开辟渠道公开优质课程,使全校大学生都有机会使用学校最优质的教学资源。

（二）引导学生转变学习观念

学生是学习的主体,大学生的学习观念直接影响学习方式转变的效果,因此,高校教师要引导大学生树立自主学习和终身学习的学习观念。首先,教师要指导大学生充分利用网络学习资源。教师可以向大学生重点推荐以慕课为主的网络学习,使大学生对学习媒介和学习环境持有认同感。大学生积极主动应用学习策略,充分利用学习资源,才能取得良好的学习效果。其次,教师要指导大学生明确学习动机。教师在教学过程中要激发学生的好奇心,使大学生主动进行探究学习。同时,教师应引导大学生形成较高的学业成就动机,慕课学习中大学生有更多提问和交流机会,比传统学习面临更大的挑战,大学生只有具备较高的成就动机并付出更多努力,他们才能完成学习任务。最后,教师要引导大学生成为学习的主人。教师应为大学生提供有效支持,以提高大学生的自主学习和自我管理能力,使大学生真正成为学习的主人。

（三）创新教学的方式

在学生学习方式转变的过程中,教师起着举足轻重的作用,学生的学习方式与教师的教学方式和教学观念密切相关。教师可以采取以下策略创新教学方式:

1.教师要转变教学观念

教师应树立科学的、与时俱进的现代教育理念,充分认识到教学不仅要传授给大学生知识,而且要培养大学生发现问题、分析问题、解决问题的能力,使大学生形成正确的情感、态度和价值观,促进大学生全面发展。

2.教师要提升自己的教学能力

教师要提高教学认知能力、教学操作能力和教学监控能力。提高教学认知能力需要教师具有敏锐的观察力、丰富的想象力、良好的创造力;提高教学操作能力需要教师掌握确定教学目标、制订课程计划、分析教材、选择与运用教学策略、实施教学评价等能力;提高教学监控能力需要教师有意识地对教学活动进行监察、调节、校正、评价和反馈。

3.教师要选择适当的教学方法

教学方法多种多样,教师常用的教学方法主要包括以语言形式获得间接经验的教学方法、以直观形式获得直接经验的教学方法、以实际训练形式形成技能技巧的教学方法等。教学方法的运用要根据实际情况,教师要选择最适合的教学方法,并加以创造性地发挥,教师可以将大学生慕课的在线学习与学校的课堂教学有机结合,做到先学后教。

4.教师要丰富教学手段

教师应在充分利用教科书、粉笔、黑板、挂图等传统教学手段的基础上,灵活运用各种现代化的教学手段,特别是在慕课迅速发展的背景下,教师更应将投影仪、幻灯机、计算机等现代教育器材作为直观教具丰富课堂教学,通过现代教学技术的应用使每个学生都能得到足够的指导。

(四)重建良好的师生关系

师生关系对大学生学习方式具有重要影响。在传统的师生关系中,大学生处于被动地位,这压抑了大学生学习的积极性、主动性和创造性。慕课背景下转变大学生学习方式需要建立民主平等的新型师生关系。

1.教师要转变角色定位

教师要由管理者转为指导者,特别是在网络教育中,教师不是一个简单的知识传授者,而是一个联结已知世界与未知世界展开多样探究的"触媒者",或是联结课堂内外世界之桥梁的"介入者"。教师作为一个"触媒者"或"介入者"就要把学习的自主权交还给学生,培养学生学习的能力,淡化自己作为"判决者"的角色。

2.创设民主的学习氛围

在高校课堂教学和学习中需要形成互通、互促的和谐氛围,教师要热爱、关心、尊重和信任大学生,充分发扬教学民主,以自己的学识、才能、人格魅力去感染、影响大学生。大学生要在学习的过程中理解和尊重教师,主动参与学习。

3. 转变交往方式

师生间交往方式应由"单向式"向"交互式"转变,教师和大学生以各自的情感、经验、知识和能力投入教育和学习活动中,以民主、平等、合作的方式进行交往,师生相互影响和促进。只有在民主平等的师生关系中,大学生的个性才能得到张扬,创造性才能得到发挥,学习方式才能得到优化和创新。

第三节 慕课在高校英语教学中的应用

一、慕课在高校英语教学中的应用步骤

(一)慕课应用于高校英语教学的准备环节

1. 理顺课程知识点

在知识点梳理过程中,英语教师与教学研讨小组可利用思维导图以及树状图等多种形式对不同知识点进行有效整理,并将知识点的逻辑进行连接。这一环节重点是对教学内容的整理,按照知识点梳理后的图式确立详细的教学内容,这样可以最大限度地保障英语教学内容的特点,还能为慕课教学视频简约化提供更高价值的内容。但慕课规定教学视频必须在 5 ~ 10 分钟内,因此,英语教师应更加重视每个知识点间的逻辑关系,为学生提

供丰富而不混乱的教学视频。①

此外,教师在制作慕课视频时不能按照传统教学模式,单纯地将知识点列举出来,而是要充分运用视频资源。在整理知识点中,由于英语语法具有多元化以及更新性等特点,需要英语教师统一行动,对不同知识点内容进行讨论后再确定。特别在慕课教学中,学生接受的新知识主要源自教学视频,因此,不管是学校还是教师,都应保证课程所定内容的缜密性以及实效性。在知识点内容明确后,英语教师可通过经验沟通与积累的形式进行整合,也可在网络中寻找更多资源,寻求专业人士的帮助。教师要确保学生在英语慕课教学中可以接受清晰的知识点结构。

2. 精细化并更新知识点

不管英语慕课教学中的学生引导方式如何变化,都会对英语教师以往使用的教学方式产生一定程度的影响。因此,在应用慕课之前,英语教师需要积极配合团队构建的教学目标,调整个人在课堂教学中的原有认知,只有这样才能够切实将课堂主体转交给学生,让学生充分发挥主观能动性,提高学生的学习效果。在英语课前的准备阶段,全体英语教师应开展团队协作,针对口语表达、写作能力、语法知识等重要的教学内容进行精细化挑选。为了保障慕课的互动性特点,学校应积极构建平台方面的专业技术人员对教师和学生之间的沟通、学生和学生之间的交流等模块,进行更新与维护,同时还要保证不同教学时间的详细数据记录,为英语教师调整教学方案提供便利条件。英语教师应积极学习和掌握慕课所需的各种技术,防止有效信息丢失现象的发生。

---

① 尤春芝.英语教学中慕课教育的应用研究[J].吉林广播电视大学学报,2019(6):147-148.

(二)慕课应用于高校英语教学的实施环节

1.发送课堂任务

英语教师应在正式上课之前将具体的学习任务发送给每位学生,任务内容包括各种视频的学习观看、学习中期的知识复习题训练、项目问题的小组讨论等。还要规定学生在观看视频时,提高对视频的重视程度。在英语教学中,视频课程的设置不能单纯以基础教学为主,而要靠近英语能力的晋升训练,比如对外口语、商务英语文件等。由于每位学生英语能力不同,其还需要教师积极主动地进行线上指导,检查学生课堂笔记和检测情况等。此外,教师对普遍存在的问题要及时在课堂中进行讨论和纠正。

2.丰富课堂活动

相对于传统课堂教学而言,慕课更加重视实体结构当中的各种教学活动。对此,英语教师可在有限的课堂时间中适当增加各种单人、小组以及班级等活动,通过场景模拟、舞台剧、职业问答等有效形式为学生综合能力的锻炼提供场地。需要注意的是,辩论方式的课堂活动可以全方位地考查学生在英语单词和语法等方面的学习情况,并且高效的辩论会还需要学生具有较强的英语表达能力。对于那些能力良好但还需深入探索的学生来说,教师可以组织学生参加短时间英语视频的制作,或是让学生自主开发和英语有关的实用性途径,指导学生在自主学习中完成对英语知识的实际运用。

3.组织学生讨论

目前,学生群体由于受网络信息技术的影响,他们获取资源的途径多种多样,他们能够随时随地了解更多信息,对此英语教学不能单纯依靠教育资源开展教学。教师应加强学生合作能力的培养,在日常教学的互动环节中应不断提高学生的英语运用能力,并要将他们的这种能力延伸到其他各个领域的能力协作中。此外,相对于调整与转变学生的学习模式来说,慕课更加注重培养学生的协作能力。因此,英语教师应在日常教学中帮助学生建立系统化的知识体系,提升学生的能力。

4. 实施检测评价

检测评价与进阶作业有着较大差别,其并不是针对学生某个具体知识点学习认知程度进行检测,而是包含对学生网络和实际课堂、课前与课后、学生预习及学习过程整体质量的评价和检测。在英语教学过程中实施检测和评价,可以让教师更加全面地了解学生的学习情况和学习态度,有利于教师及时发现各种问题。在运用慕课开展英语教学时,教师应时刻关注学生参加网络学习和课堂学习的积极性、课堂表现、学习效率,以及对慕课教学资源的评价、对教学内容的理解情况等。教师可以运用问卷调查、师生谈话、构建学生成长档案等方式进行检测和评价。

5. 进行总结反思

不管课堂教学形式如何变化,对学习过的内容进行总结和反思是学生巩固学习知识的重要途径。在英语慕课教学中,沟通、总结和反思均可在线上实施,利用学生间的相互沟通构成完整的经验。而在实际课堂中,学生可以将自己线上学习记录的各种疑难问题作为反思的重点,利用向教师请教或是和其他同学讨论的方式,将所学知识中无法理解以及尚未明确的相关内容重新进行学习并理解这些知识。而英语教师可以在帮助学生解答疑难问题的过程中,按照问题内容的具体比例及时调整教学内容中重点讲解的知识点,加强师生互动及反思。

二、慕课在高校英语教学中的应用策略

(一)转变办学观念与学习模式

与早期传统大学的函授教育、远程开放教育相比,慕课教学模式显然是对开放教育理念的继承和发展,是一种对优质教育资源的合理分配,并最终实现每个人都能享受到优质教育资源,从本质上来说,就是教育的开放。

在我国高校中,要真正实现"慕课"的顺利落地实施,首先要转变教育理念,其次要改变学生的学习方式。总体而言,这些变化主要表现在以下两个方面。

第一,办学主体的变化。我们要清楚地意识到,单纯依靠单一主体办学的模式,已经不能满足社会的需要。因此,唯有向国际化联合式办学主体转型,才可以更好地将高质量的教育资源的社会促进效应发挥出来,从而提升教育资源的利用效率。

第二,学习方式的改变。一直以来,我们的大学都是以个人学习为主,但是这种学习方式与团体学习和个人学习的融合方式相比,存在很大的不足,所以,我们必须改变这种方式,这样才能更好地建立相互影响的关系,这也有利于学生的全面发展。[①]

1. 由单一办学主体向国际化联盟式办学主体转变

办学模式的变化,就是要改变原先只有一所大学的模式,改为多所学校共同合作,组成学校联盟。由于"慕课"教学模式显然是打破了大学教育"围墙"的一种方式。近几年,"慕课"平台上涌现出大量的在线大规模开放课程,其中包括 edX 和 Coursera,它们均为多所大学合作开发和共享的内容。

2. 由个体学习模式向团队学习与个性学习相结合模式转变

我国的大学要改变学生的学习方式,就必须利用慕课的力量,在教学内容和教学方式上进行创新,实现不同群体、不同团队、不同学校、不同领域、不同国家相互影响、相互合作,在学习的过程中实现多种形式的融合和个性的凸显,从而突破目前以个人为中心的学习方式。

从总体上看,我国传统的课堂形式是群体性的,但是高校的课堂,在本质上还停留在教师"教",学生"学"的惯常状态,很难形成真正意义上的研讨

---

① 王曼琪."慕课"教学模式评析及实施建议[D].呼和浩特:内蒙古师范大学,2015.

教学。在课堂上,学生与学生之间很少互动。要打破学生的个别化学习格局,才能探索出教学发展的新思路,但由于受现行的课堂教学体制限制,想要实现这一目标还有很长的路要走。

"慕课"教学模式能够促使学生在各种途径中得到自己想要的东西,从而有效地解决这一难题。而且,它还能让学生在不知不觉中参与知识创造。在"教"的同时,能使教师扩大视野,更新知识,达到"教学相长"的目的。

(二)充分发挥教师作用

从教师管理的方面来看,学校应该积极组织教师对"慕课"这种新型的教学方式进行了解与学习,以最快的速度熟练地将其运用到课堂上;指导高校教师积极灵活地利用网络技术,把中国大学视频公开课、国家精品课程等珍贵教育资源引入自己的课堂,使传统教学向多媒体教学的转变,在"慕课"教学模式下,促进课堂教学效率的提升。

1. 给予教师团队支持

在任何一个领域,都有许多优秀的成果,这与团队的合作是密不可分的。当前,由于受学校和班额的限制,全国各地的大学教师仍然采用个体作坊式的工作模式,教师团队之间缺少合作,教师自身陷入了高重复、枯燥无味的工作中,这种情况在我们国家甚至世界上的教师队伍中并不少见。但是,由于"慕课"在其平台上没有限制的人数,这与目前我国大学所采用的"个人作坊"模式是不相适应的。

所以,要实现"慕课"教学,必须有一支强大的教研队伍作为支持,以构建"慕课"平台为目标。在这个平台上,大学之间要互相帮助,教师们要密切合作,但又要各司其职,在教学的各个环节做到校内、校际、社会的通力协作。

2. 提高教师的教学水平

以学生为中心,全面提高教学质量,促进其全面发展,一直以来都是教育者所追求的目标。很显然,直接面对受教育者的一线教师在此过程中发挥着举足轻重的作用。

就名师这个概念而言,其实是非常具体的,通常是指道德品质高尚、对教学内容有深刻理解、在相关的研究领域有突出贡献、知识结构广博、经验丰富的高级教师。在我们国家目前的教育大环境下,优秀的教师资源是相当匮乏的。

而"慕课"教学模式则是一种全新的思路与方法,"慕课"平台的建立,为中外优秀教师的专业发展开辟了一条新的道路。在"慕课"教学模式的推行中,大学教师能够从"慕课"中感悟到名师的先进教育思想,了解他们的授课方式与教学风采,让自己的视野以及知识范围都能够得到不断扩大,在逐步提高自己的教学水平的同时,助力研究成果的顺利落地。"慕课"并非可以使所有人都成为一名好教师,只是给大部分大学教师提供了一条更加便捷的新途径,使他们能够更好地提高自身素质。因此,我们应该提倡全体教师积极参加,使自己的"教与学"相统一。

(三)提升学生自主学习能力

学习是人与生俱来的一种需要,是适应社会的基本生存手段之一。幼童期人类大都处于一种快乐的学习状态,外界给个人带来的压力极小,因而呈现出一种有好奇心驱使的学习欲望,学生基本处于一个自由、自主学习的状态;进入学校教育阶段后,会感受到来自家庭、学校、社会等多层面的压力,这些压力也会随着其成长发育逐步加大,并使其学习行为由主动学习逐步转变为被动接受知识的灌输,高等教育阶段更是如此。因此,我国在实施"慕课"教学模式的过程中应当培养学生学习的自主性,为学生提供多种沟通渠道,方便学生进行讨论。

1.培养学生学习的自主性

在"慕课"教学模式中,它强调的是一种使受教育者的学习行为回归本源的思想,即通过线上助教引导、教师讲授、自身参与以及与其他学习者共同协作等多种方式,最大限度地挖掘学生求学兴趣,以实现主动求知欲替代被动课程压力,并最终实现这一行为方式在学习过程中的落实。因而学习者学习的高度自主和自律性是开展"慕课"制教学活动的必要前提。"慕课"在改良授课方式、变更课程形式、丰富课程内容、为学习者提供极大自由、自主学习的同时,也容易使学习者产生一定的迷茫感。因此,高校在提升学生的自主学习能力及自觉学习能力方面,不仅要以技术突破为支撑,激发学生的学习欲望,加强对其学习态度的正确引导,更要加强师生互动,课堂环节和考试环节在此就显得尤为重要。

我国高校也应借助"慕课"多样化、个性化、碎片化的学习方式,逐步实现将"教师中心"与"学生中心"完美结合,为在校师生提供一个高效的互动平台。在智能终端盛行并广泛普及的当下社会,高校可以倡导"慕课"教学模式中的线上协同工作方式。例如,通过校园社交网络和工具以及线上论坛,聚集其具有相同或类似求知兴趣和学习习惯的学生进行协同学习,这样不仅打破了费用、空间、资历对学习者的限制,也可以为当前普通大学的课堂教学提供强有力的补充,同时还有利于教职人员的参与,有利于提升教职人员素养。"慕课"教学模式的快速发展使在线高等教育成为现实,但是"慕课"教学模式在我国高等学校实施的过程中也会有一些问题,不是每个学生都能从中受益,想要在"慕课"上成功,学生不仅需要一定的英语基础、熟练的计算机操作技能,还需要一定的技巧和方法,这样才能不断提高学生的学习效率和效果。

2. 利用多种形式的交流渠道

学习者在其学习过程当中必然会遇到各种各样难以解决的问题,大多数"慕课"平台都设计并提供了相关的讨论区域用于问题的探讨和解决,但这一平台所提供这一功能并不能确保学习者的问题都得到解答。若学习者在讨论区域提出自己所面临的问题后无人解答或回复,便极有可能使其产生失落感,阻碍其进行下一阶段的学习,最终可能导致求知兴趣的下滑和积极性的降低。学习者若提出的问题能得到及时解答,则势必会给其带来倍受重视的良好感官体验,而积极参与并解答他人的问题则会在某种程度上给学生带来一定的成就感、参与感和满足感。

"慕课"教学模式在开课行为上绝不是以简单的课程视频录制为完结,学生也不是在"慕课"平台上完成课程就被看作是知识的获得者。相反,短视频的录制只是起点,在录制视频之后,及时组织专业教师团队以应对开课期间的课程维护,同时做好学生的交流互动。就答疑解惑而言,虽然当学习者数量众多时,他们可以互相答疑解惑并进行讨论,有助于问题的解决,但还是需要权威教师团队的参与,以给出总结和解决难点问题。对于多数学习者发出的同类或相似问题,教师可以按章节组织和排列,为学习者的查阅提供便利。因此,高校在实施"慕课"教学模式时一定要加大教师在线下,也就是真实的课堂中精力投入的力度,对学生常见问题进行收集整理,并加以甄选,以及时地答疑解惑,定期地进行作业评讲,很好地接收学生的反馈信息。高校一定要加强第一堂课教学,在互动交流方面,高校教师可以组织学生在通过"慕课"教学模式的学习之后进行研讨交流。一方面,教师可以用举办报告会引导学生进行社会实践等。另一方面,教师也可以在多种场所展开形式多样的学生之间、师生之间的互动交流,这样完全不受空间的限制,可以弥补师生互动不足、学生反馈乏力的缺陷。

(四)实施全面质量管理

提高"慕课"教学模式的教育质量是实现"慕课"教学模式长期可持续发展的关键。为此,"慕课"教学模式要在全面满足受教育者需求的过程中,以科学的管理手段和效能控制机制来确保"慕课"教学模式的发展坚持"以质为本"。高校也要积极将课堂学习与线上海量资源优势相结合,拓宽知识面,优化知识结构,创新学习与培养模式。同时,要汲取全球"慕课"教学模式的先进经验,立足国内现实,尽快建成有中国化、本土化的"慕课"教学模式,以促进我国高等教育办学质量的不断提升。

1.制定质量标准体系

实际上,导致"慕课"教学模式课程质量参差不齐的最主要原因在于课程质量标准缺失和课程质量评估体系的不健全。为此,我国高校在构建"慕课"教学模式的同时一定要制定出一套严格的质量标准体系,建立完善的课程质量评价体系,以提高"慕课"教学模式课程内容质量。我国高校可以从以下两个方面来着手构建:一是课程质量标准体系方面,可以从授课市场、内容授课和教授资格三个环节入手,实事求是地制定严格的课程质量标准。二是运用"自评"与"他评"相结合的方式,与具备能力和条件的第三方测评机构合作,制定严格的课程质量评估体系,保障课程的质量。

2.创新考核方式

现有的"慕课"教学模式大都采用同伴互评、在线测评等考核测评方式,而作弊、剽窃现象也就随之而来,这使得考核结果备受质疑,这也是"慕课"教学模式的学分或考核结果为很多高校或机构所不愿承认的主要原因。因此,我国高校在构建"慕课"教学模式的制度时就必须在考核方式上进行创新,促进考核可信度的提升。除了增加开放性考核内容外,我们还可以从以下两种途径对考核方式进行改善,扭转"慕课"教学模式的这一窘境:一是我国各大高校之间协同合作组建一种实地线上考试模式,由认可"慕课"学分的学校负责组织现场监考和阅卷评价工作,让学习者参加实地在线考试。二是高校可与有实力、有资质的第三方测评机构通力合作,并由其负责成绩评定,构建监督考试机制,提供有监考的考试,提高考核的可信度。

(五)完善学历认证及评价体系

1.完善学历认证体系

第一,"慕课"教学模式的组织管理者要有能力提供标准的、高含金量的学历证书,并具有远程监督等高技术能力,确保学习者是在独立情况下完成课业。高校教师也可以利用课堂教学时间对学生已经完成的"慕课"课程进行提问和讨论。此外,可以采取线上授课与实地参考相结合的模式对高校内参与"慕课"课程的学习者进行考核。同时,还可以给有意愿获取学历认证的学习人员布置额外课业,为学习者制定多层次评鉴标准,可将其论坛讨论参与度以及互动程度皆纳入评分体系。

第二,我国相关管理部门应当提高对"慕课"教学模式的认可度,对参与"慕课"课程的学习者所得学分及学历认证予以正视,并制定相关政策,促进"慕课"教学模式的学分制度与我国高校学分制度对接。尽管当前大众对"慕课"教学模式的影响与风险认识尚存在差异,未形成统一的认识,但一些职能部门已经着手应对这一创新浪潮,并及时做出了回应。

第三,应当推动社会民众尤其是用人单位、企业雇主对"慕课"学历认证形成正确认知。目前,Udacity 等推出的就业匹配计划都是值得我国高等学校学习和借鉴的,它们都在一定程度上增进了社会、企业对"慕课"的认可。用人单位也可以更直观地了解求职者在"慕课"教学模式中学习全过程的表现,更好地对学习者进行综合能力考察,从而实现更科学、全面的人才选拔。

2. 完善教学评价体系

在"慕课"教学模式的学习过程中,形成性评价显得尤为重要。目前,"慕课"教学模式在我国高等教育领域还被作为面对面授课的补充,以混合课堂的形式呈现。此外,学习者可以选择自己学校推出的"慕课"课程,所获得的成绩作为其学位课程考评的一部分。"慕课"实行更多元化的评价体系,考核方式更为全面,并且更加注重对学习过程的监控。一般来说,"慕课"教学模式会综合考虑学习者平时的表现、课堂作业、实训项目、期中测试和期末测试等方面,最终得出综合测评成绩,相比目前高校中普遍实行的单一考核方式更为客观合理。作为激发学习积极性和兴趣的辅助手段,我国高校教师也可以借鉴"慕课"评价体系,将学习者课外学习和课堂内学习主动性表现纳入考核中,逐步完善高校的课程和学生评价体系。

（六）建设本校"慕课"平台

1.建设在线课程平台

第一，建设课程资源。高校本着为学生提供持续性教学服务的理念进行课程资源的建设。课程资源可以是重新构建也可以是已有校本精品课程的再加工。教师参考"慕课"教学模式，根据学生学习的注意力和记忆规律将教学内容分段处理，并根据这段学习内容设置相应问题。这样既能保证学生的学习效率，又方便学生随时随地展开学习，而不必担心因为课程时间较长，学生注意力无法集中而遗漏相关的知识点。学生在学习的过程中还可以利用该平台参与师生之间的互动，在线解决学习中遇到的问题，也可以及时提交作业。而所有发生在该课程平台上的学习行为都转化为大量的数据信息储存起来，方便组织者进行管理。

第二，组织学习活动。教师在合理安排教学内容和学习进度外，还可以布置课后作业、进行课后测验，课后作业、课后测验都属于学习活动的组织。其中，教师对学生提交的答案应有及时的反馈和答案分析，以便让学习者在第一时间明白自己的错误。

第三，进行学习互动。也就是说师生之间、生生之间就课程相关问题进行讨论，听取别人的意见，并发表自己的观点。

第四，考核评估，也就是对课程内容掌握情况进行综合考评。为确保考试成绩的真实性，校方负责通知在校参与该课程的学生在规定时间内到学校指定的考场参加考试，学习者在完成所有指定在线课程，参加校内组织的考试，且成绩合格后才能申请该课程的相关证书。

2.构建课堂教学平台

构建课堂教学平台是构建我国高校教学模式的重要环节。课堂上侧重对问题的讨论和深入分析，以达到解决问题的目的。

第一，教师可以对"慕课"平台上所提供的课程内容进行回顾和总结，强调和讲解课程的重点及难点,帮助学生巩固并掌握在网络课堂上所学到的知识。

第二,采取让学生提问的方式收集学生学习过程中遇到的问题,进行归纳和总结,引导学生对共同存在的问题进行讨论,并且达到解决问题的目的。

第三,教师根据所选课程的特点启发学生深入学习。例如,收集相关材料进行扩展阅读,利用所学知识解决实际问题等,教师则"扮演"导学者的角色对有问题的学生给予指导,并在课程结束后进行统一的校内考试。

3. 降低构建成本

在支持我国高校"慕课"平台建设的同时,摆脱其所带来的教学成本增高等问题,我们可从以下两种方式入手:

第一,由国内高校自主组建"教学联盟",同时倡导教育部及相关国家管理机关组织协调,并共同投入搭建"慕课"平台。此方式的优点在于降低了高校慕课同盟的组建成本及风险,同时亦可以根据高校自身条件按需依规建设"慕课",满足高校的教学、科研及管理需求。

第二,完全依托企业,把"慕课"平台的搭建工作交付给我国行业内实力雄厚、技术水平较高的企业来完成,供高校使用。高校与企业结为利益共同体,分享收益,互利共赢。第二种方式虽然对高校而言较为便捷,但易受企业控制,甚至可能产生教学内容商业化、功利化等负面效应,在一定程度上阻碍学术的发展。

第四章

数字化背景下英语翻转课堂教学

当下,英语语言学习已经不是一种时尚,而是适应21世纪国际社会发展的复合型多元化人才所必须掌握的一门技能。要真正掌握这门语言,学习者就不能只停留在应试教育的分数层面上,而应该全方位地发展英语语言学习中的听、说、读、写、译的综合技能。为了更好地培养高质量人才,激活课堂的学习氛围,教育界也在不断尝试适应新时期、新时代的教育方式,翻转课堂便为其中之一。

第一节　翻转课堂概述

一、翻转课堂的内涵

关于翻转课堂,不同的学者对其有不同的看法。

钟晓流认为,所谓的翻转课堂,就是在教育信息化的背景下,任课教师课前录制教学微视频作为主要的配套学习资源,让学生在课前完成自主学习,师生回到课堂上一起展示交流、协作探究的一种教学相长的教学模式。①

丁建英等提出,作为新兴教学模式的翻转课堂,是对传统课堂教学过程

---

① 钟晓流.从翻转课堂到翻转会议:O2O环境中学术会议的组织模型及技术支撑体系研究[J].远程教育杂志,2014,32(4):38-44.

的颠覆。借助于教师录制的教学微视频和开放的学习资源,学生先自主建构知识,完成知识的传递,课堂中学生再进行作业检测和合作学习,实现了新课标中尊重个性化发展的课程目标。①

陈怡指出,翻转课堂是一种新型教学模式,学生在家观看教学视频来取代教师的课堂讲授,课堂中则把所有的精力集中在完成练习、解决问题以及与老师和同学的互动方面。②

尽管不同学者对翻转课堂的概述不同,但核心理解都认为,翻转课堂是在信息技术的支持下,学生课前先借助以教学微视频为主的学习资源完成知识的传递,课中学生在老师同学的帮助下完成练习,从而实现知识内化的教学模式。从英语教学上,本研究把英语翻转课堂界定为以教学微视频为载体,实现"以学生为主体,教师为主导",兼顾学生个性发展和英语学习兴趣,对英语传统课堂教学结构进行翻转的教学模式。强调翻转课堂翻转的是教学结构而不是教学流程,即课外不再是完成家庭作业,而是进行知识网络结构的自主建构,课内不再是教师的集体讲解,而是学生的展示交流,"导学一体"贯穿课前、课中。

二、翻转课堂的特点

第一,更加重视知识的内化过程。在传统课堂中,课堂上教师传授知识,学生在课后完成作业、测试。这是一种先教后学的教学模式,知识的内化过程主要发生在课外。而在翻转课堂中,这种教学模式发生了颠覆性的变化,学生在课外自学知识,而在课上以作业、测试及讨论答疑等活动完成知识的内化。

第二,突出"以学生为中心"的教育理念,有利于学生的个性化学习。在

---

① 丁建英,黄烟波,赵辉.翻转课堂研究及其教学设计[J].中国教育技术装备,2013(21):88-91.

② 陈怡.浅谈英语课堂中的心理教育[J].好家长(创新发展),2018(17):49.

翻转课堂中,学生可以根据自己的实际情况自主观看教学视频。教师课前提供教学资料、视频,课堂上引导学生解决问题等,充分体现了"以学生为中心"的教育理念,极大地提高了学生学习的主动性。此外,微视频便于传输、下载,能在多种移动设备上播放,学生可以随时随地根据自身的认知特点和认知能力调整学习进度,进行个性化的学习。对于一些接受知识较慢或是遇到不懂的知识点的学生而言,他们可以暂停或者反复观看直到掌握知识点。

第三,教学资源丰富生动,能有效激发学生的学习兴趣。通过文字、图像、声音、视频等多种媒体将抽象的教学内容进行立体化的呈现,可以加深学生的理解和记忆。由于翻转课堂的教学资源是根据每个小知识点制作的微视频,时长一般不超过10分钟,学生在学习时能够集中注意力,不会因为视频过长而产生学习倦怠感。此外,视频比教师的口头讲授更加形象、生动,能更好地吸引学生的注意力,学生也有较强的学习兴趣。

第四,学生自主学习形式仍需改进。在翻转课堂中,教学内容大多是通过微视频的形式来传递的,但从某些方面来说,通过观看教学视频来学习对学生而言也存在一些弊端。一是学生在观看教学视频时极易受外界因素的干扰,这不利于学生自主学习,从而无法达到预期的教学效果。虽然在传统的面对面课堂教学中也存在很多干扰,但教师作为课堂的管理者和监控者会减少这些外在因素对学生的干扰。二是在课前学生也许不会观看或不能够理解教学视频的内容,这将对课堂活动的开展造成较大的影响。

第五,网络学习平台仍需完善。翻转课堂是在信息技术的支持下得以开展的一种新教学模式,其利用先进的信息技术和教育平台,激发学生的学习兴趣,有效地提升学生的自主学习能力。但目前的网络教育平台并不完善,虽然多数学生对网络、电子产品及各类软件的应用十分熟练,但是由于网络环境资源还不够完全充分,学习平台便捷性不足,移动智能终端缺乏,这在一定程度上制约了翻转课堂教学实践的深入推进。

第六，教师的教育观念和信息素养仍待改变和提升。教师是教学视频的制作者、学习活动的组织者，翻转课堂对教师提出了更高的要求。在某种程度上，由于受传统教育的长期影响，教师改变"以教师为中心"的教育观念还需要时间，这导致翻转课堂虽有其形，却难以在短时间实现"以学生为中心"的最终目标。教师的传统观念不改变，翻转课堂的实施就存在很大的困难。同时，教师的信息素养落后也会导致翻转课堂在实施过程中受到较严重的制约，教师的信息素养直接影响教学视频的质量。①

第二节　翻转课堂对高校英语教学的影响

一、促进教师与学生之间的互动

虽然翻转课堂在教学的过程中，采用播放视频的手段进行英语课程的教学，但是却促进了教师与学生之间的互动。

（一）翻转课堂提高学生的互动性

在传统的英语教学模式中，教师对语法和句式进行讲解，但忽视了学生的感受，学生不愿意与教师进行交流。而在翻转课堂的教学模式中，利用视频教学的新颖方式，能够提高学生参与课堂的兴趣，积极主动地与教师进行交流，从而增加教师和学生之间的互动。

（二）关注学生的个性化发展

翻转课堂虽仍以教学为主，但翻转课堂的教学模式更加关注学生的个性化发展。教师在充分尊重学生的基础上，给予学生更好的指导，采用因材

---

① 覃正,王新华,陈芊羽.新教学[M].上海:上海大学出版社,2020:18.

施教的教学手段,能够促进学生的个性发展,从而更好地提高英语成绩。

通过翻转课堂教学模式的实施,教师与学生之间的交流和互动得到了进一步提高,能够营造出更加和谐的课堂气氛,使学生能够充分发挥自身的潜能,全身心地投入英语学习中。

二、增加学生之间的合作

通过翻转课堂的概念可知,翻转课堂颠覆了传统教学模式中学生与教师的角色,充分尊重学生在课堂中的主人翁地位,能够更好地提高学生的主动性。

(一)充分发挥学生的能动性

教师会将大多数的课堂时间交给学生,学生能够自由地发挥自身的主动性,加上教师给予学生充分的指导,能够使得学生更好地进行英语课程的学习,从而不断提高自身的英语成绩。

(二)增强学生之间的友谊

在翻转课堂的教学过程中,为了更好地提高学生的主动性,教师让多名学生通过合作的方式共同完成作业。在合作过程中促进学生之间的交流,不仅增强了学生之间的友谊,而且培养了他们互帮互助的良好品质,对于提高学生的英语成绩大有裨益。

三、转变传统英语教学的评价方式

就翻转课堂的英语教学模式来讲,不仅要采用传统的考试手段来评价学生,而且提供了更加公平合理的评价方式,能够对学生的学习过程进行全面的评价,同时更好地提高翻转课堂的教学效果。

(一)师生互相督促、进步

教师可以对学生在翻转课堂的表现进行评价,使得学生充分认识自己的不足,在后来的课程中不断改正自身的缺点,促进自身的不断进步;同时学生也可以对教师的教学方式提建议,共同促进翻转课堂教学模式的不断发展。

(二)对学生进行多个方面评价

教师在对学生进行评价的过程中,不仅需要参考学生对英语知识的掌握能力,而且对于学生的交流能力、团队合作能力、解决问题的能力等,都给出了一定的评价,这样才能全面综合地反映一个学生的学习能力,能够更好地促进学生的发展和进步。[①]

第三节　基于翻转课堂的高校英语教学改革与实践

一、翻转课堂在大学英语听力教学中的应用

英语听力课采用大班的形式上课是我国高校当前的普遍形态,这种授课方式很有可能造成学生人均获得的教育资源十分有限。翻转课堂的一个重要环节是要求学生课前通过观看教学视频等方式提前学习相关内容。对于听力课来说,授课内容的知识点、听力技巧等比较易于通过预先录制视频或带语音讲解的 PPT 形式进行讲授,而且这些内容的学习是可以由学生自行开展的。因此,在课前的学习过程中,每名学生均可获得同样的教学资源和学习材料。

此外,更重要的是,一方面,学生在观看视频的过程中,可以根据自身的实际情况,选择暂停、回看或反复观看学习视频,这不但让学习资源得到了更充分的利用,也有助于学生对所学内容的理解,也更利于学生发现学习过

---

① 于晶.大学英语课堂环境构建理论探究[M].长春:吉林人民出版社,2017:130.

程中的重点、难点。另一方面,翻转课堂模式下,原本用于课程内容讲授的时间通过学生课前自学而被节省了下来,因此,在课堂上教师可以有更多的时间帮助学生完成知识的内化吸收,重点解决学生在学习中普遍存在的问题,进而充分有效利用了教师资源。①

(一)翻转课堂与英语听力教学结合的优点

将"翻转课堂"应用到大学英语听力教学中,具有许多优越性。

1.提高学生的综合能力

在英语专业技术课程的授课过程中,如英语听力,不应该仅仅是对学生的语言能力和专业知识的训练,而应该更多地关注学生思维能力、动手能力等方面的内容。采用"翻转课堂"教学方法,可以使英语听力课由原来的灌输式教学方式,变成"课前学生自学,课上教师精讲、学生与教师互动,课下学生巩固提升"的一个新过程,真正做到了"全过程"教学,"全过程"参与,促进了学生整体素质的提升。

2.激发学生学习的积极性

将"翻转课堂"运用于高校英语专业的听力课,可以很好地解决传统听力课枯燥、吸引力不大的问题,充分调动学生的学习热情。在翻转课堂中,学生可以在任意时间、任意地点展开学习,这样就可以让他们自主地选择学习时间,按照自己的实际情况,在最想学习的时间里展开对知识的学习和对问题的讨论,这样能够有效地保证他们的学习效率。

在网络学习平台上,学生还可以从教师所提供的听力资料中,挑选出自己感兴趣的内容,并对其进行重点学习。例如,可以选择自己喜欢的电影主题曲或动画片插曲,这样能够使学生对听力课程的学习兴趣始终不减。

---

① 周丰,田苗.论翻转课堂对大学英语听力教学的适用性[J].佳木斯职业学院学报,2018(9):324-325.

3.实现学生亲自体验参与

通过课前的个人探索,合作学习,可使学生初步完成对知识的理解。在课堂上,教师要对学生的课前语言学习进行检查,并让学生通过演示应用汇报、交流学习体验等方式来展示学习成果。

4.翻转课堂下语言输入的数量具有累积性

语言输入论的核心思想之一,就是要有一定数量的语言输入量。在英语教学中,要确保学生的听力有足够的输入量,否则不仅不能有效地吸收材料,也不能有效地提高听力。

英语听力水平的提升需要通过长期的积累来实现,只有当数量达到一定程度后,才能产生质的改变。在传统的听力教学模式中,教师在听力课堂中输入知识,持续播放听力资料,学生可以用课上认真听,课下做作业的方式来吸收课堂内容。然而,在有限的课时内,不可能无限制地扩大学习内容。而"翻转课堂"则完全打破了传统的"灌输式"教学模式。在课前,学生可以在任何地点、任何时间自主学习平台上的内容,并可以自由选择听力内容;课堂上,学生能够和教师面对面地交流他们在学习过程中发现的问题,最终,学生在教师的指导下,对知识进行消化。

(二)英语听力翻转课堂教学模式设计

在授课之前,教师会提供相应的音频资料,让学生自己听;在教学过程中,教师的作用也从单纯的解释资料、核对答案,变成了针对性的指导与研讨。教学方式也从单一的授课方式转变为讨论、表演等多种形式。

1.教师准备部分

(1)编辑与教学相关的资料。除了教材自带的资料,教师还可以自己录制音频,也可以从网上搜索合适的音频。比如在教材每个单元中所涉及的生词、功能句的运用,以及不同模块的背景知识等,都可以成为教师的素材,这样既节约了课堂教学的时间,又提高了学生的效率。

（2）整合网络的扩展资料。如果一直以课本为中心，学生所能接触到的英语素材就很少了，语言输入的不充分势必会影响到学生的语言输出，随着时间的推移，他们也会逐渐对英语失去兴趣。随着互联网的不断普及，网上涌现出了海量的英语教学视频资源，例如知名高校公开课、TED 演讲、普特英语听力等。

在教学中，听力是有别于其他教学内容的，它是一门要求学生通过反复练习才能掌握的课程。因此，在教学过程中，教师应充分利用网络等多种途径，从不同的角度收集有关课程的资料。教师可以把网上的各种资源整合起来，并把它们应用到翻转课堂教学中去。

（3）课内教学准备。在课内教学准备这一环节，教师们要熟悉视频的内容，再根据交流平台中的问题，归纳出课上要讲解的重点，根据这些问题，挖掘出在课上可以进行交流和讨论的话题，并指导学生进行探究。

2. 学生活动部分

在英语听力课上，学生的准备活动以"预习"为主，通过阅读学习任务和观看视频两种方式，完成预习工作，为取得较佳的教学效果做出努力，每节课完成后，学员可以回到上一节课再进行疑难知识点的复习。

（1）了解学习任务。利用这个沟通平台，学生可以清楚地知道课后的学习任务，并以此为基础，结合自己的特点，在课后进行预习。

（2）观看翻转课堂视频。学生们在课前可以下载教师分享的资料，预备观看。如果处于网络中，并且周围环境允许，同学们可以直接观看。在观看视频的过程中，学生要结合教师提出的引导性问题，按照自己的节奏进行学习，并且可以提出自己的问题，不懂的地方也可以通过交流平台反馈给教师。

3. 课堂教学

在课堂上，教师应该把握好教学要点。因为在课前，学生已经对基础知识的学习做了充分准备,所以在课堂上,教师就不需要再去重复阐述那些理论知识。当学生带着疑惑和问题进入教室时,教师可以更准确地掌握教学中的重难点。

通过多种形式的教学活动,教师就可以对学生进行有效的检测,从而提高他们的学习积极性。虽然在翻转课堂中,新知识的学习变成了"课后作业",但仍然占据着主导地位。通过复述、演讲等方式,可以巩固学生的学习效果,扩大学生的文化视野,使英语教学展示出"工具"与"人文"的双重价值。同时,多元化的活动形式也让原本单一的听力单项教学模式发生了翻天覆地的变化。

4.阶段性反思与总结

在此基础上,延伸出一种新的"翻转课堂"教学模式。在课堂环节中,教师会根据学生所存在的问题,对他们展开答疑。课后,学生可以对每次课程的学习内容进行总结。但是,这只是针对一般存在的问题,不同的学生可能会有一些特殊问题需要教师解答。[①]

二、翻转课堂在大学英语口语教学中的应用

口语教学是英语教学不可缺少的一部分。我国大学英语课堂上教师更倾向于词汇和课文内容的讲解,忽略培养学生的口语能力,导致学生口语的操练机会十分有限。翻转课堂作为一种新型的教学模式,把课堂上的时间更多地留给学生。将翻转课堂模式运用到大学英语口语教学研究中,能够提高大学英语口语教学质量,促进学生未来更好地发展。[②]

---

① 耿娜.基于微课视阈翻转课堂模式在大学英语听力教学中的实证研究[J].内蒙古师范大学学报(教育科学版),2016,29(9):128-129.
② 段文婷.大学英语口语教学与翻转课堂[J].文教资料,2019(30):231-232.

(一)翻转课堂与大学英语口语教学相结合的优点

1.翻转课堂能创造良好的英语环境

英语口语主要是通过大量的实践进行练习,从而不断提高发音的准确性。俗话说"熟能生巧",当正确的语言训练达到了一定的水平,就会产生质变,从而使学生的语言表达更加流畅。[①]

翻转课堂可以让大部分英语基础较差的学生在比较真实的语言环境中进行英语口语训练。在翻转课堂中,教师可以在虚拟教室中教学,给学生提供一个不受打扰的独立环境,让他们敢于发问,这样可以保护学生的自尊,让他们可以放松地说出自己想说的内容,而不会被人嘲笑。

经过反复的训练,展现在大家面前的就是学生们流利的口语。通过翻转课堂,可以增加学生讲英语的信心,激发他们讲英语的愿望,从而使他们敢于张嘴说话,培养他们在课堂上讲英语的习惯,从而达到提高英语口语水平的目的。

2.翻转课堂实现学习时间和空间的延伸

传统的英语口语课堂,由于课时的限制,教师们常常觉得无法激发学生们用英语进行交流的主动性。学生们想要用英语来表达,但有时候会受课时的限制,而且许多新知识在学生们的脑海中还是一团乱麻,无法完全被消化。

在翻转课堂中,教师的讲授时间会减少,这就给学生留下了更多的学习时间。教师只需要对本课的重难点进行讲解,这样就节省了大量的课堂时间,让每个学生都可以获得练习的机会,并且更容易达成既定的教学目标。在翻转课堂中,它具有教学容量大、效率高的优势。

---

① 刘海峰.翻转课堂教学模式在大学英语听力教学中的应用[J].传播力研究,2019(3):172.

3. 翻转课堂满足学生个性化的学习需求

由于英语学习者的口语水平存在差异,因此,在英语教学中,英语学习者在学习中所需的时间、方法等方面都有很大的差异。传统的英语口语课不能满足每一位同学的需要,而教师对他们的个人辅导也是有限的,不能很好地发挥作用。

在翻转课堂的教学方式下,学生能够以自己的时间、兴趣爱好等为依据,选择个性化的学习内容,并对自己的学习进度进行安排。学生也可以根据自己的知识体系,跳过自己已掌握的内容,将更多的精力放在疑难问题的解决上,从而可以满足个性化、多样化的学习需求。

4. 翻转课堂可以在一定程度上弥补口语教学质量的分化

在基础教育阶段,由于区域间教育资源的不平衡,造成了学生英语口语水平之间存在着较大的差异。在大学英语教学中,学生的英语学习动机和自主性差异尤为突出。不同地区、不同专业、不同班级,英语口语教师的队伍结构及教学水平也存在较大差异。这一切使得大学英语口语教学效果无法得到有效保障。

在我国高等教育注重"实践育人"的发展时期,通过教育信息化来提高教育的公平与质量,可以更好地满足学生的个性化学习需要,是教育变革的必然方向。翻转课堂线上教学的开展,可以让各层次的同学在课前就能自主进行知识的学习。同学们可以按自己的程度来决定自己的收看时间;通过课前练习,学生可以自评对课程的理解程度,并发现自己存在的问题。

(二)大学英语口语翻转课堂教学模式设计

1. 课前阶段

(1)教师任务。教师们可以进行集体备课,编写出一份导学案,对这节课的教学内容、重难点、练习方法等进行明确之后,教师们就可以对这些内容进行视频的录制。

（2）学生任务。在上课前，学生可以登录在线平台，进行导学案的浏览以及教学视频的观看。在这个过程中，他们可以自主地控制学习进程，还可以将视频暂停下来，对语言点或问题进行记录。在完成视频观看后，可以点击课前习题，进行一次自主的口语练习，并录音。

（3）在线交流。学生做完自选练习后，可以将其上传至网上，也可以从网上下载其他同学的自选练习录音以做参考。学生可以在线上讨论预习过程中遇到的难题，并互相解答。教师也可以通过网络平台，从网上下载学生提交的视频，以便更好地了解学生的学习状况，并及时发现一些有代表性的问题。

2.课堂阶段

（1）确定探究。教学目标的确立是教师和学生共同努力的结果。教师以学生反映的情况为依据，而学生则以未解决的问题为侧重点，展开下一步研究。

（2）探究解决办法。在课堂上，学生可就相关的问题提出自己的见解。在这个过程中，教师要对每一个小组进行巡回，确保每一个小组都积极参与其中，如果学生需要，就应该给他们提供针对性的指导。

（3）成果展示。教师会根据课前练习的话题，组织学生进行各种各样的课堂展示活动，比如问答、看图说话、情景对话、多人角色扮演等，这样可以让学生在学习中始终保持着对话题的新鲜感。

（4）巩固或拓展。在教学过程中，教师应该设计出具有多样性的巩固性练习题目。对于不同层次的学生，他们可以选择的练习内容是不同的。如果学生的基础较差，可以选择基础性习题，而对于水平较高的学生来说，可以选择拓展性练习。

（5）评价与反馈。每组都有自己的展示环节，之后教师会给出评价。教师应对同学的成绩给予充分的认可，并给出客观的评价，如果学生有需要提高的地方，教师也应该毫无保留地告诉学生。评价与反馈不仅要在某一环节结束后进行，而且要在课堂教学的整个过程中都应该涉及。

(三)大学英语口语翻转课堂教学的具体策略

1. 翻转模式下构建学生情境认知

(1)教师应尽量创建真实的语言环境,使学生在语言环境中得到发展与提高。在所创建出的具体的环境中,不仅需要有足够的资源,而且还应该让教学资源与教学内容有较大的契合度。

(2)教师应该为学生提供所需的支持。在进行视频制作的时候,不仅要为学生提供必要的支持,还应该引导学生在语言环境中进行探究。在此基础上,教师亦可在此架构内运用合适的教学方法,提高学生学习的积极性。

(3)多元化的教师角色。通过选择认知情境策略,可以让教师从传统的角色中进行转变,不仅可以对学生的学习进程进行跟踪,对学生的学习效果进行评价,还可以对学生进行有效的管理。

2. 鼓励阅读英语书刊,扩充口语输出语料

教师应充分利用各种新闻媒体所制作、出版的英语资料,为学生提供高质量的教学资源,尽量使学生通过不同的途径来学习英语,从而提高他们的学习兴趣,扩大他们的学习范围,对知识进行补充。

教师应鼓励学生多进行交流,这样才能以最小的代价获得最多的资源。口语教学的目标是使学生能够说出自己想说的东西,并保持英语词汇量的持续增长。为了让学生能更加积极的学习,教师可以鼓励同学们分享他们所学到的东西。

3. 挖掘微信资源,利用零碎时间

微信是一座很好的学习资源宝库,里面有各种各样的公众号让我们随意选择。教师可以根据自己教学的需要,让学生关注一些英语学习的公众号,比如每日英语、掌中英语等,和同学们一起分享,并向同学们介绍每种订阅方式的优势和学习方法。

4.利用课堂5分钟,多元话题训练

教师应当给学生布置口语作业,在每节课中,用5分钟的时间进行主题演讲,学生可以根据自己的兴趣,在课余时间将PPT和文稿结合起来,在上课前3天,将PPT和文稿发给教师,教师检查并修改后,再回发给学生。

在课堂上,同学们需要事先把所要表达的词汇和短语都写在黑板上,这样才能最大限度地让观众接收所要表达的信息。教师可以让学生用最短的时间,展示自己的作品。

在发言结束之后,还会有一个提问的环节,教师会给出点评。通过互联网获取的信息,使学生在上课之前就已经对即将学习的内容产生了浓厚的兴趣,这显然利于抓住学生们的注意力。同时,教师要把自己做过的PPT资料收集起来,形成一个文档,定时上传到"百度云"空间中,同学们可以在第一时间下载学习。

三、翻转课堂在大学英语阅读教学中的应用

大学英语阅读教学课程中运用翻转课堂教学模式是可行的。它有效促进了课堂的教学效果,弥补了传统课堂教学的不足。在大学英语阅读课中,翻转课堂教学模式的运用可以有效提高学习的热情,刺激学生互动交流的热情,培养良好的阅读习惯和交流能力。①

(一)大学英语阅读翻转课堂教学模式设计

1.课前教学设计

(1)教师层面。当前,许多学生都觉得教科书中的内容过于陈旧,不能将他们的阅读热情完全激发出来。因此,教师所选的材料要跟上时代步伐,

---

① 张小雁.大学英语阅读教学的翻转课堂研究[J].产业与科技论坛,2020,19(16):202-203.

并且要富有趣味性。与此同时,要注意的是在阅读课上,不能选择那种篇幅太长的内容。因为翻转课堂教学的关键在于让学生能够深入阅读,如果文章太长,将会影响课堂的阅读效果,也会影响各项活动的展开。

教师们可以根据手头搜集的素材,将这些内容制作成时长约在 15 分钟的视频。教学视频中所涉及的内容应是比较全面的,比如阅读的目标、需要把握的要点、新单词的解释、语法知识的讲解等,都是可以涵盖其中的。在具体的学习过程中,学生可以根据所学知识,联系之前的学习内容,建构起自己的知识体系。

(2)学生层面。学生在课前将资料完整地进行阅读并观看视频之后,就可以进一步了解视频中的内容和要求,由此就可以选择其中合适的部分进行深度学习。如果不能理解视频中的一些内容,那么学生就可以通过自主学习平台,或者借助其他通信工具与同学进行讨论,也可以进行问题的搜集,到学校之后向教师求助。通过预习,学生能够对即将学习的内容有一个大致的了解。

2. 课中教学设计

很多学生在上课之前都会先看一遍视频,但是在学习的时候,有不少人往往将关注的重点放在了表层的信息上,尽管他们会对英语单词的意思、作用等有一个大致的了解,却无法通过阅读获得深层次的内容。而阅读的目标是实现判断,它包括了多种信息的收集。

要达到这一水平,就需要学生在课堂上进行深入阅读,而后再对所阅读的内容进行仔细的分析,从而明确其中的问题所在。在课前的略读和视频的观看过程中,学生们已经基本解决了自己的语言问题。因此,在课堂上,教师可以让学生边读边写,但是在写的时候,就应该让他们意识到所写的内容,从而辅助自己阅读能力的提高。

教师可以要求学生认真阅读。认真学习是发展学生高级思考技巧的一种方法。在教学实践中,教师往往会采取"示范性阅读"的方式,在阅读一个片段后,教师可以让学生针对阅读的内容展开讨论,比如文章的主题、结构以及词语的运用等,也可以让他们将所读的内容与自己的生活联系起来。接下来,教师会组织学生对阅读内容展开评论,并对其进行分析。教师会对最佳的评论展开点评,这样可以让学生了解到什么样的评论才是更有价值的。所有的教学活动必须在课内进行,这样才能使学生获得更多的反馈。

有了这些演示,学生就能更加认真地阅读了。根据阅读材料的不同,教师还可以组织学生开展合作阅读。学生可找出文中自己最喜爱的片段,然后以此为中心进行小组学习,这样可以帮助学生更好地理解别人的阅读风格、分析风格等。合作性的学习可以促进课堂讨论的进行,有助于学生对自己感兴趣的内容进行更深层次的分析,从而进一步提高学生的共情能力。

3. 课后的总结与巩固

(1)教师层面。在一堂阅读课完成之后,教师要及时地对本堂课进行总结。课后,教师可以利用网络学习平台等方式,及时地向学生们进行信息的传达,让他们知道自己在阅读中存在的缺陷和有待提高的地方。

(2)学生层面。课后,在教师的指导下,通过对所学知识的巩固,以及对自己学习过程的反思,学生就可以逐步提升自己的英语阅读水平。

(二)大学英语阅读翻转课堂教学模式的具体策略

1. 注重个性化英语阅读

在开展"以人为本"的语言教学之前,教师就应该对学生的具体情况进行分析,进一步明确学生的英语水平以及认知等方面的特点,从而让自己的教学更具有针对性。随着英语教学改革的呼声越来越高,个性化英语教学方式已经成为更多教师的新选择。阅读是一种非常重要的语言能力,因此,在英语教学中,如何进行个体化的阅读,对其进行有效的教学,显然是非常重要的。

在具体的教学过程中,需要教师培养学生的阅读兴趣,让学生敢于开辟新的思维方式,而不是固守传统的理念。对于教师来说,可以通过互动交流的方式来评价学生。个性化阅读教学有以下基本特征:学生能够根据自己的不同喜好开展个性化阅读;如果发现了阅读中存在的问题,那么就应该及时向教师求助,从而得到教师的指导;在阅读之后,不同的学生都可以针对阅读中存在的问题进行探讨。

个体化英语教学的对策有以下几方面的内容。

(1)培养学生的自主性,教他们如何正确地利用参考书,养成自己的阅读习惯。

(2)因材施教,将"学风"与"个性"有机地结合起来。这就需要英语教师时刻注意、把握学生的学习风格,而后对照自己的教学风格,看看是否能够将学生学习的积极性调动起来,从而有效激发其学习潜力。

(3)对学生的非智力因素进行开发,对其进行创新能力的发展。英语教师要充分利用手头的各种资源,比如教材、网络上的学习资源等,对学生进行全方位的教育。

(4)合作学习。合作学习是一种以学生为主体进行的自我教育活动,经过合作学习,可以拉近学生之间的距离,提高他们的协作能力,同时推动他们个性的进一步发展。

2. 增强课外阅读

要想提高学生英语水平,光靠上课是远远不够的。课外阅读是课堂的一种延续,也是一种有益的补充。课堂上的时间是有限的,课外的时间则是学生可以自由支配的。通过课外的阅读,学生不仅可以扩大自己的知识面,同时还能对课堂上学习内容的深度进行拓展,在提高他们阅读速度的同时,还能推动他们写作技能的获得。随着素质教育和大学英语课程改革的不断深化,大学英语课外阅读活动仍是大学英语教学中不可缺少的一环。

3. 注重文化导入

语言既是思想的外壳,又是文化的载体,也就是说,文化和语言是分不开的。伴随着人类社会的发展,在长期的历史演进过程中,各个民族所具有的民族特征都被记录在了语言之中。

要想深入地理解一篇文章,就应该明确文化差异,逐步扩充自己的背景知识,显然,这些方面都会对个人理解文章的内容产生极大的影响。

大学生的英文读物是非常丰富的,涉及人文、地理、科学等方面。因此,在英语教学中,教师应充分重视英美两种文化的相互影响,通过各种方式去培养学生学习的兴趣,从而使他们更好地理解西方社会。

教师应鼓励学生进行大量的阅读。阅读内容的可选择空间是很大的,不管是小说还是新闻,都可以开阔学生的眼界,丰盈学生的内心世界。在读书的过程中,教师还应该教会学生去做读书笔记,以多种方式积累自己的文化背景知识,从而使学生的阅读能力得到提高。

4. 根据学生需求设置大学英语阅读课程

对于阅读课而言,其教学设计、流程和方法是可以持续改善的。但是课堂教学很难改变过去的教学方式,所有的学生,不管他们的起点是什么,都要在教师的引导下,按照一定的步骤进行阅读,这显然不利于个性化教学的展开。

当前,许多学生在英语阅读教学中,希望获得更多的语言知识、掌握更多的阅读技巧,希望深入了解文章背后涉及的文化背景,许多同学对新闻报道或文学方面的内容特别有兴趣。同时,当代大学生具有很强的自主性,对死记硬背的方法产生了抵触情绪。所以,在大学英语阅读教学中,教师要以学生的需要为出发点设计。

首先,在教授语言和文化的同时,教师还要对学生进行阅读策略的培训,也就是教给他们一定的方法和步骤,这样才能达到事半功倍的目的。具体而言,教师可以在课堂教学中进行中心思想归纳、词义推测、作者意图理解等方面的训练。

其次,教师也可以让学生参与选择部分教材作为课堂阅读内容的拓展。

这种活动能够让学生产生一种自主感和责任感,因为此时的学习已经完全成了学生发自内心的动力去做的事,而不是为了应付考试而必须去做的事情。

最后,在教学的过程中,教师应采用能最大程度激发学生自主学习的内驱力,只有学生乐于学习,才能获得不错的学习成果。

5.提高阅读技巧

(1)朗读和默读。读,是指读别人已经写好的文字,并了解其背后所要表达的内容。大声地读,对人的学习是非常有益的。除了可以增强记忆、培养语感之外,还对学生理解欣赏能力的提高有益。

在阅读教学中,教师应该尽可能地让学生进行默读,以提高他们的阅读速度。熟练者可以通过减少注视的次数、缩短停留的时间来提高阅读速度。因此,在英语教学过程中,教师应该鼓励学生进行反复的阅读,并引导他们正确的阅读。

(2)自上而下、自下而上阅读。自上而下指的是学习者运用较高层次的知识和思维模式,对接收到的信息进行分析和加工;运用自身的经验、事物发展的规律等推测作者的意图,并对文章的主旨和难度进行推测。从本质上而言,这属于一个理解认知过程。自下而上主要是通过对文章中的词语和句子进行分析来理解,这是一个语言解码过程。在阅读的过程中,学生可以使用自上而下的方法来对所阅读材料的意义进行预测,也可以使用自下而上的方法来对作者的意图进行验证。这两种方式互相配合,称为"交互式阅读",是学生的一项重要阅读技能。

6.注重词汇的积累

丰富的词汇是提高英语阅读水平的先决条件,词汇的匮乏将使学生在阅读中难于理解其所传达的意思。另外,词汇的缺乏也会造成阅读速度的降低,从而使学生对文章的理解变得困难。因此,在英语教学中,英语教师应在词汇教学上下功夫。

在英语教学中,教师常常会对"教什么""如何教"这两个问题感到困惑。为了扩大学生的词汇范围,教师应引入科学的背诵方法。在教学中要明确哪些词汇是需要掌握的,这样可以减少学生的背诵压力。

四、翻转课堂在大学英语写作教学中的应用

(一)翻转课堂与大学英语阅读教学相结合的优点

1.培养学生的自学能力,将学习的主动权还给学生

在英语写作教学中,教师主宰了一切,学生只能被动接受,这是一种普遍现象。消极的学习方式会压制学生的主动性,但是在翻转课堂教学模式下,学生们会主动地提前学习新知识,并与教师进行积极的互动,让学生充分感受自主学习的重要性,进而持续地提升自主学习能力。

2.消除师生之间的等级观念,使师生之间的关系更加融洽

在传统的教学中,教师与学生之间存在着一种不平等的理念,这种理念给学生带来了一种心理上的压迫感,使他们在课堂上难以产生学习的兴趣。翻转课堂坚持以学生为中心的理念,为学生提供了更多的交流机会,鼓励学生创新写作思路。

在这种教学模式下,学生的学习没有时间和空间的限制。利用网络资源,使学生的学习方法更多元化。学生可自行设定时间和地点,来安排自己的写作训练。①

(二)翻转课堂下写作教学的思路与步骤

英语写作教学中的"翻转",首先,教师要在课前向学生提供一些相关的

---

① 解芳,曲鑫.翻转课堂在大学英语写作教学中的应用研究[J].英语教师,2019,19(13):89-91.

教学资料,如作文的基本原理、段落的展开等,使学生能够在课后进行自主的学习。此后,教师只需要在课堂上对学生的自学效果进行讲评,并应该在适当的情况下,布置适当的写作任务。

要达到目标,教师可要求学生在课堂下积极主动地完成资料搜寻和选择任务,最后将写作题材和作文的相关学习材料进行确定。同时,教师还可以要求作文的主题与社会、校园中的热门话题相联系。

在学生的作文结束之后,教师不会直接对他们进行打分评价,而是让学生们在网络中自行提交批改意见。在进行多次批改修改之后,再由同学之间进行交流,并相互给出评价,最后再由任课教师对其进行适当的评价,从而达到协作学习的教学目的。

五、翻转课堂在翻译教学中的应用

(一)大学英语翻译教学翻转课堂实施的可行性

1.翻转课堂模式实施具有较强现实意义

在大学英语翻译教学过程中实施翻转课堂模式,就是在教学过程中开展先学后教的教学手段,在课前利用信息技术让学生进行自主学习与思考,而课堂教学期间则将知识应用与探究作为教学关键。在这一过程中,学生在课前预习时,可以依据自身学习能力自行选择视频播放次数,而有疑问的地方,学生则可以进行标记、记录,课堂上向教师提出问题,抑或直接在网络上与教师进行交流与互动,从而真正实现针对性备课与预习。① 而课堂之上,教师则可以为学生答疑解惑、组织学生合作探究,这不仅能够促进师生互动与交流,还能进一步提升课堂活跃度,促进英语翻译教学活动的顺利开展。

---

① 蒋晶.混合式教学模式下翻转课堂在大学英语翻译教学中的运用[J].教育现代化,2017(9):130-131.

2. 翻转课堂模式符合英语翻译教学特点

大学英语翻译课程本身就具有较强的实践性,学生只有真正参与大量翻译实践才能逐渐提高自身翻译技巧与水平,因此在教学过程中单纯地依赖教学课堂来提高学生的翻译能力显然是不现实的。如今,大学英语翻译教学活动在实施过程中,大多是将具体的问题与具体的翻译技巧结合在一起进行,这种直线型教学模式没有充分体现学生的主体地位,学生翻译水平的提升自然也就受到了限制。另外,翻译教学也尚未面向学生今后就业与发展,因此翻译教学效果并不理想。而翻转课堂模式则能够结合英语翻译教学特点对课程进行优化与调整,还能为其提供各式各样针对性较强的翻译内容,有助于培养高素质、高水平的翻译人才。

3. 教学环境满足翻转课堂模式实施条件

在信息技术不断发展的环境下,现如今大多数高校教室都配备了无线网络,学生自己也有电脑、手机等上网设备,这些均为大学翻转课堂提供了良好的实施环境与基础。[1] 除此之外,在信息技术不断发展的过程中,网络英语教学资源也因此变得越发的丰富,学生不仅能够在课前学习教师录制的微课程,还能及时访问英文学习网站、观看英语电影,以此作为翻译教学补充材料,从而有效丰富英语翻译教学内容,使学生得到更为全面的发展与提升。[2]

(二)翻转课堂在英语翻译教学中的应用环节

1. 观看课前视频

由于英语翻译这门课要掌握一定的翻译理论,同时需要通过大量例句

---

[1] 吴晓丹.翻转课堂与大学英语翻译课教学设计有效结合的模式探讨[J].吉林省教育学院学报,2017,33(6):49-51.

[2] 王鹿鸣.大学英语翻译教学翻转课堂模式研究[J].现代交际,2020(15):167-168.

阐述英语的语言特点并掌握其翻译技巧;所以视频中有很多是针对例句的详细解释说明。这就要求学生们不能只是听懂视频,还要自己对所学的课程内容进行总结、归纳、整理,也就是要记笔记。因此,教师会要求学生提前观看视频,在课堂上提交笔记,并且要求学生在上课之前准备好自己的问题,对没听懂的知识点进行提问。同时,在视频制作时,教师要制作一些小测试,让学生们观看完视频之后,进行自我检测,这样就能知道自己有哪些知识点的遗漏,以便学生可以及时复习和巩固。

2. 课堂提问

在课上可先针对课前视频进行提问,提问是师生双向进行的。即先由学生对老师进行提问,这个环节学生针对自己课前学习时有疑问的地方提出问题,老师会先征求其他同学的答案,再公布正确答案。学生对老师提问之后,老师还要针对课程中的重要知识点对学生进行提问,检查学生的掌握情况,如果出现普遍的对某个知识点的理解错误或欠缺的地方,再针对个别知识点进行二次课堂讲解。

3. 课堂练习

英语翻译最重要的就是实践练习,通过大量的翻译练习融会贯通。否则,只知理论,没有实践就是空谈,理论的东西也会很快忘记。在练习中掌握知识,积累经验,翻译才能得心应手。在传统的教学模式下,教师在课堂上用了大量的时间进行理论的讲解和说明,以至于占用了学生的练习时间,采用翻转课堂的教学模式之后,使课堂上的练习时间大大增多。在进行翻译练习的时候,教师可以把学生分成几个小组,小组里的成员一起研究讨论,提交一份练习答案,由各个小组派一名成员统一发表。由于是翻译课,所以对于一个练习可能会有很多种不同的翻译答案,这也会给学生们提供更多的思路和参考,这比传统的教学模式中让学生回去自己做练习的方式效果要好得多。最后,老师会推举更合适的答案,并把不适合的答案进行比较讲解,避免学生以后犯此类错误,这种形式可开阔学生们的思维。

4.结课考试

英语翻译课的结课考试可采取和传统教学模式一致的课堂考试形式。给学生发放试卷当堂作答,然后进行统一的评分。之所以没有采用网络线上考试的方式,还是考虑到学生的自觉性和作弊的可能性,另外还有网络的稳定性等因素。在具备当堂考试的条件下,还是课堂考试的效果更好一些。不过,对于学生最后的成绩评定,参考了网络教学中对视频观看情况和小测验完成情况的分值,作为平时成绩的一部分进行核算。总成绩受课前学习情况、课上发言情况、结课考试成绩等诸多要素影响。对学生的评定也更客观、更全面。

第五章

数字化背景下英语教师的发展

英语教师在英语教学中发挥了不可替代的作用。本章分析了英语教学实施的主体——英语教师，探讨了数字化背景下高校英语教师专业发展的路径，并详细研究了高校英语师资建设的发展趋势与展望等相关内容。

第一节　英语教学实施的主体——英语教师

一、英语教师的主要角色

（一）知识的传授者

我国的教育很大程度上依靠的是学校里的教师，教师承担着传授知识的任务。这主要体现在两个方面：①教师通过对教材的熟知与理解，将书本知识传授给学生；②教师作为主动的施教者，能够监控整个教学的活动。①

（二）教学的组织者

教学活动的成功进行离不开周密的组织，而教师作为活动的组织者，务必要把教学任务清楚地告诉学生，让他们明白自己要干什么以及自己将如

---

① 李荣华,郭锋,高亚妮.当代英语教学理论发展与实践研究[M].上海:上海交通大学出版社,2018:54.

何开展教学活动,并在活动结束后进行评价和反馈,使学生对自己有更加真实的认识。

(三)问题的解决者

教学活动的复杂性决定了教学中会遇到各种各样的问题。不同的学生本身素质也不同,学生在学习过程中遇到问题,教师有责任和义务帮助和引导学生解决问题。

(四)活动的促进者

在教学过程中,学生在参与活动的过程中(如发言、完成任务、回答问题)遇到困难时,教师要及时为学生提供帮助,帮助学生克服活动过程中的障碍,促进教学活动的顺利进行。

(五)活动的参与者

教师不仅是活动的组织者、设计者,更重要的是要参与到活动中。教师要把自己当成活动中的一员,不仅可以活跃课堂气氛,而且可以增进师生之间的感情,协同作战。作为参与者,教师也会从学生的创新活动中受到启发,从而有助于提高教学质量。

(六)任务的设计者

课堂教学中经常包含很多学习任务,这些学习任务通常由教师设计,以帮助学生在完成任务的过程中消化学到的语言知识。学习任务设计的优劣对教师的专业水平提出更高的要求。教师在设计任务时应采用新颖的教学方法,让自己的教学达到完美的境地。

(七)学术的研究者

教学的进步不是仅靠教学实践推动的,更需要扎实、系统的教育学术研究做基础。学术研究能力也是衡量教师专业能力的重要方面。因此,教师除了正常的教学工作外,还需要投入教学研究中。教师要明确自己的研究方向,对自己的教学行为进行研究,进而反思并改变,最终将研究成果更好地应用于教学。

(八)心理的咨询者

教师还应该成为学生的好朋友、好帮手,要成为学生的心理咨询者,不仅仅解决学生学习方面的问题,还要解决学生生活、情感态度等方面的问题。因此,老师应该多与学生接触,了解学生的心理动态,在交流中帮助学生树立健康良好的思想意识,从而帮助学生提高自己的思想文化意识,使学生心理逐渐走向成熟。这将有助于他们形成更加正确的学习态度。

二、英语教师具备的素质

(一)语言素质

目前,一些英语教师特别是精读课教师,习惯使用传统的教学方法。在讲解英语课文时,这些英语教师多仍沿袭着"朗读—释义—翻译"的老套路,教师是课堂的"主角";授课没有重点、难点;课堂缺乏启发性的问题;既不讲解语言点,也不讲解文化点;甚少涉及文章的中心思想和段落。产生这些问题的最大原因就是教师语言素质不高,因此,教师必须提高自己的语言素质,对自己的知识和技能提出更高的要求,给学生起到良好的带头作用。

(二)文化素质

文化素质即教师应对英语国家的文化背景知识有所掌握。它主要涉及以下几个方面:①文化品位;②知识视野;③审美情趣、思想观念;④道德修养、规则意识;⑤世界观、人生观、价值观、自然观、发展观;⑥情感态度、人文情怀、生命观;⑦传统习俗;⑧胸怀境界。

当今社会是一个多元文化融合的社会,英语教师也必须具备相应的文化素养。文化可以分为两类:普通文化和正式文化。普通文化包括风俗习惯、社会习俗等方面;正式文化则包括科技、历史、文学、音乐、美术、建筑等领域的文化。目前关于英语的教育教学,众多教学工作者都达成了一个共识:英语教学不仅包括对学生听、说、读、写、译技能的训练,还包括文化的传授。事实上,我国的英语课堂教学长期以来一直存在多讲解语言知识,实际交际和英语文化重视不够的问题。导致这一现状的主要原因就是大部分英语教师并不具备足够的英语文化素质。在这种情况下,英语教学中教师大多只是教会了学生输出一些合乎语法、意义正确的英语,但不一定符合英语国家的表达习惯,很难用于交际。要解决上述问题,提高学生英语学习的效率,教师首先应该提高自己的文化意识和文化素质,将英语文化的教学融入基础知识教学和听、说、读、写训练中。这样不仅能够提高学生对英语的学习兴趣,也有助于活跃课堂气氛,促进知识的消化吸收,帮助学生不断积累文化知识,进而更准确地理解和使用英语进行跨文化交流。具体来说,英语教师应具备的文化素质涉及以下几个方面。

(1)要能够以开放的眼光看待异质文化,还要能够吸纳异质文化中优秀的部分。

(2)要对中西方文化都有充分的认识,了解中西方文化中思维方式、价值观念、交际规范、词语文化意义等方面的差异。

(3)能够正确预测英语文化下的交际行为,避免跨文化交际中的文化冲突,并指导学生顺利地开展跨文化交际。

(4)要具有文化批判思维,能够辩证地看待母语文化和英语文化。

在传授文化的过程中,教师应该注意文化导入的第一个层次。第一层次的文化导入与大学英语教育有关,目的在于消除学习过程中影响学生理解和使用英语的文化障碍。这一层次英语教学的主要内容仍然是语言结构知识,同时对阻碍学生理解和交际的语言知识进行相关的文化导入。影响语言理解和使用的文化因素多隐含在词汇、语法、语用中。因此,第一层次的文化导入要以有关课文内容的文化背景和有关词汇的文化因素的导入为主。

(三)教学素质

1. 教学理论素质

由于英语教学是一个典型的系统工程,且如今的英语教学已从原来的单学科支持转向了多学科、交叉学科的支持。因此,借鉴语言学、心理学、人类学、文化语言学、计算机语言学等理论进行英语教学已成为一个事实。另外,从学生角度来看,在学习英语的过程中,大脑会不断变化,意识、价值观也会发生改变。可见,英语教师只有具备一定的理论知识才能真正解释这些运作的原理。

然而,我国的英语教师存在重技能、轻理论的情况,他们认为熟能生巧,没必要懂太多理论上的东西,这种极端观点显然是错误的。因为教师只有具备了良好的理论素质,才能更好地理解课程大纲的实质,才能采用恰当的教学方法进行教学。

此外,由于过于缺乏基础的语言理论,我国的英语教学科研进展也受到了阻碍。中国是有着庞大英语学习群体的国家,也有着庞大的英语教学队伍,英语教师既是教学的实践者,也是英语教学的研究者,但是目前仍没能形成系统的英语教学研究成果。

2. 信息传递素质

学生学习英语的时间大多集中在课堂上,要在这短短几十分钟内将教学内容快速、有效地传递给学生,教师应做到以下几个方面。

(1)具备较高的授课能力。教学能力主要涉及教学设计、教学实施和教学评价三个方面。就构成而言,教学能力通常包括两种能力:一般能力和特殊能力。前者是指教师在教学过程中的认知能力,如观察学生性格特征的能力、了解学生学习情况的能力、预测学生发展情况的思维能力等。后者是指教师开展英语教学的专业能力,如教学的组织管理能力、准确把握教材的能力、恰当使用教学方法的能力、通俗易懂的语言表达能力以及出色的英语听、说、读、写、译的能力等。事实证明,教学能力的高低直接影响课堂教学是否条理、系统,进而影响教学效果的好坏。

(2)传授英语知识和技能。在英语知识和技能教学中,教师应善于讲解,另外教师还要具备一定的示范能力。技能训练多是以学生的模仿为基础的,教师通常要充当学生发音、书写、朗读、说话的模仿对象。此外,为了更好地传授英语知识和技能,教师还应进行合理的提问,很多有经验的教师都会用提问作为英语教学的重要手段。当然,教师还应善于引导学生进行练习活动,因为语言技能的形成是离不开大量语言实践的。

(3)创造教学情境。情境教学是一种有效的教学方法。教师能够借助具体、生动的场景来激发学生表达、表演的欲望,进而激发学生学习英语的欲望。

情境教学的优点在于:①学生能够通过真实场景、表演内容、环境气氛从整体上感知、理解和掌握学习内容,不易忘记。②创造教学情境之前,教师要先仔细认真地备课,以确定创造什么样的情境效果最好,施展教学情境时,教师要巧妙安排情境,自然而然地诱导学生进入情境,令学生准确理解和把握学到的知识,学以致用,提高听、说能力。

情境的创设可借助图片、表情、动作、实物等非语言手段,也可借助多媒体教具。一方面可帮助学生更好地理解和运用语言知识,另一方面还可活跃课堂气氛,提高学生的学习兴趣,产生良好的教学效果。

3.教学管理素质

(1)创造能力。该能力主要包括:能找到解决普遍问题的原创性方法;愿意参与决策和行动的推断;善于横向思维;能充分想象和思维。

(2)计划能力。该能力主要包括:了解现在到未来的需要;能判断什么是重要的,什么又是刻不容缓的;能够融入未来发展趋势中;能进行深入的分析。

(3)交流能力。该能力主要包括:可以理解他人;可以解释某些概念和问题;可以进行书面的交流;可以与他人展开口语交际;很机智;可以宽容他人的失误;愿意给予他人感谢和鼓励;能运用信息技术。

(4)激发能力。该能力主要包括:可以帮助他人树立志向;能够提供一些挑战;可以帮助他人树立学习目标;可以帮助他人认清他们的贡献和成就的价值。

(5)启发能力。英语教学中的启发是指教师在课堂教学中,不仅要让学生掌握语言知识和语言技能,还要关注作为学习主体的学生的综合能力、智力与思想的发展。这就要求课堂教学中,教师不能简单地给学生"灌输"知识,而要充分调动学生探索知识的积极性和自觉性,使他们能够通过独立思考来获取知识、提升能力。

(6)组织能力。该能力主要包括:可以确立他人的合理需要;能够快速做出正确的决策;敢于承担责任;能沉着冷静地应对所有问题;能够意识到自己工作得很好。

(7)评估能力。该能力主要包括:能比较结果与目标的差距;可以进行自评;能帮助对他人的工作进行评估;能在需要的地方采取正确的行动。

4. 教材驾驭素质

教材是英语教学的重要工具,教师要想做好教学工作,就应该灵活驾驭英语教材。教师驾驭教材的能力主要指评价能力和使用能力,教师要对英语教材进行正确的评价。英语学习一般需要大量的教材,除了主要教材外,还应为学生选择一种或多种辅助教材,这就对教师的评价能力提出了较高的要求。另外,教师可以合理地使用教材。具体来说,教师应做到下面几点。

(1)教师能理解教材中出现的核心概念、主要假设、突出争论、探究步骤、重要的获知方法。

(2)教师能理解学生对一个知识领域的概念框架及误解是怎样影响他们的学习的。

（3）教师能将本学科知识与其他学科及日常生活联系起来。

（4）教师能理解学科知识并不是一个固定不变的整体，而是复杂的动态发展的。

（5）教师能对教材中的概念采用多种方式来捕捉其核心思想，并注意与学生之前的知识储备建立起联系。

（6）教师在讲解学科概念时能提供多种观点、理论、获知方法和探究方法。

（7）教师能评价教材在呈现具体的观点和概念时的准确性、全面性和实用性。

（8）教师能使学生根据探究的方式生成知识和检验假设。

（9）教师开放并使用能激励学生从不同角度理解、分析、解释和运用观点的课程。

（10）教师能设计出跨学科的学习体验，使学生可以整合多种学科领域的知识、技能及探究的方法。

5.调整课堂素质

（1）调整课堂进度。教学过程包括教和学两个方面，是师生共同实现教学任务的过程，也是学生在教师的指导下的一种特殊的认识过程。教学进程太快，学生就会跟不上；太慢则会令学生感到无趣。因此，教师应根据实际情况及时发现问题，并采取相应的补救措施，调整教学进程。具体来说，教师应做到：①要能够根据实际的课堂情况进行创造性教学；②教学中要选用能够在规定时间内顺利解决任务的教学方法、手段和教学组织形式；③要具有高度的智慧，能够巧妙地引导、启发学生；④要具有高度的灵活性，能够迅速地发现问题，果断地解决问题。对英语水平不同的学生采取区别教学和个别教学的方法。

（2）调整课堂气氛。课堂气氛可以视为师生在课堂上共同创造的一种心理状态。良好的课堂气氛有助于学生的英语学习，因而值得引起教师足够的关注。一般而言,师生互动频繁、情感交融的课堂上,学生往往会对英语表现出更大的热情与兴趣,减少学习中的焦虑和紧张,有助于知识的理解和掌握。作为课堂教学的组织者,教师自身的行为和作风对课堂气氛的形成具有重要作用。事实上,习惯发号施令或批评、否定学生的教师往往引起学生的畏惧、冷漠、敌对情绪,甚至会导致学生情绪分裂;而习惯鼓励、表扬和接纳学生的教师更容易获得学生的好感,能够营造良好的课堂气氛。良好课堂气氛的表现是:教师精神饱满、讲解生动,学生注意力集中,情绪高涨,整堂课有疑问、有争议、有惊讶、有沉思、有笑声、有猜想,师生共同沉浸在轻松愉快的气氛之中。

6. 教学技能素质

综合教学技能主要指英语教学中所需要的语言本身之外的教学能力,如书写、唱歌、绘画、制作、表演等。英语教师的综合教学技能越高,其就能更好地完成各种教学环节。具体来说,教师的综合教学技能体现在以下几个方面。

(1)板书。字迹公正规范。

(2)能唱。教师可以结合学生的学习进度编写、教唱学生喜欢的英文歌。

(3)会画。教师可以画简笔画,并能灵活运用于教学中。

(4)会制作。教师可以设计制作使用英语教学的各种教具,如幻灯片、软件、录像等。

(5)善于表演。教师可以用丰富的表情、协调的动作表达意义或情感,使教学有声有色。

7. 教育技术素质

人类科技的进步大大推动了教育的发展,其对英语教学的发展影响更大。20世纪初,幻灯片作为一种辅助工具开始进入英语课堂,随后又出现了电影和唱片。20世纪二三十年代,无线电广播和有声电影也为英语课堂教学带来了新的气息。20世纪40年代,录音机和电视也进入教育领域。20世纪五六十年代,程序学习机和电子计算机先后问世,且作为当时较为先进的手段运用于英语教学中。20世纪70年代,英语教学中又出现了电脑、卫星传播等先进手段。20世纪80年代,人工智能实现了其思维和高度拟人化。20世纪90年代以后,数字化技术、信息和网络技术,计算机的功能发展均进入了一个尖端时代,英语教学实现了全方位、立体式的效果。由此可见,作为21世纪的英语教师,具备一定的现代教育技术也是非常必要的。从目前英语教学的现状来看,英语教师应具备如下技术素质。

（1）教师可以灵活使用传统的电化教学设备,如录音机、投影仪、电视等。

（2）教师可以巧妙使用现代化的教育技术,如计算机、互联网等。

（四）日常行为修养

要想使学生得到全面、充分、多元的最优发展和终身发展,教师必须加强自己日常态度、行为方面的修养,言传身教,给学生树立榜样,这样才能对学生的学习和终身发展起积极的促进作用。

1. 完善的人格

教师是一个神圣的职业,是教书育人的工作。这种特殊的职业性质和专业性质要求教师应该具有高尚的道德品行,令人愉快的个人性格,宽容、谦逊、好学的品质,正确的自我意识,良好的心理素质,幽默的语言表达,和谐的人际交往,端庄的仪表风度,崇高的审美素质,积极耐心的工作态度以及丰富的知识经验等。这些方面并不是孤立的,而是相互联系、相互影响的。教师的人格素养是保证教师教学质量的重要准则。一个人格不健全的人是无法成为一个合格教师的。在跨文化交际教学过程中,教师的人格素养显得更加重要。因为跨文化交际是一门能力素质培养的学科,与传统的语言知识教学有着很大的差异性。教师在教学过程中，不但是对相对固定的语言知识的教学，更多的是要使学生明白如何正确交际。而教师的人格素养在很大程度上能够影响交际的方式和手段，因而注重对教师人格素养方面的提升十分必要。具体来说，完善的人格包括以下两个方面。

（1）正确的思想观念。观念是学习活动的先导，是学习文化、自身经验和他人影响的产物。随着英语教学方式的改革，教师的思想观念也随之发生变化。除了具备高尚的品德及优秀的专业知识之外，还应该尽快融入教学方式的改革中，用高效率的教学手段对自身角色进行重新审视和定位，以便在新改革的实施中更好地发挥自己的优势。

另外，在英语教学中，教师应该因材施教，将理论与实践相结合。新的教学模式不是降低了教师的责任，而是从更高层次上对教师提出了要求。教师应该勇于面对新的挑战，以全新的模式把知识传授给学生。

（2）正确的价值取向。一所大学想在教学、研究以及服务等方面取得显著成绩，一批高素质高水平的教师是必不可少的。因此，教师的自身价值取向是学校建设高素质队伍的必然要求。价值取向是一个哲学概念，是一定主体从自己的价值观出发，面对或者解决矛盾、冲突或者关系时坚持的基本立场和态度。价值取向涵盖的面很广泛，但是针对教师而言，价值取向主要表现在人格素养上，包括个人的认知、丰富的语言知识、良好的心理素质、和谐的人际关系、端正的仪表以及积极的工作态度。英语教师人格的塑造，不仅可以以宽容、谦逊的态度引导学生，而且可以以高尚的道德品行感染学生。

2. 热爱教育事业

英语教师应该热爱英语教育事业，并愿意为之付出努力。大学生是新世纪中华民族复兴事业的主要贡献者，他们的素质直接影响着国家未来的发展，所以教师应肩负起培养学生的重任，努力使学生成为对社会有用的综合型人才。

英语是一种丰富、优美的语言,它有着令人陶醉的魅力。另外,英语还承载着丰富的文化、伟大的文学传统、西方文明的主流等宝贵财富,因此英语是一门值得学习和研究的语言。教师应该用自己最大的热情和爱心去教导学生,这样才会充分体现教师的价值,延续教师的生命。教师对待学生应该像对待自己的孩子一样,一视同仁。一个班级的学生来自不同的家庭,每个家庭也都有着不同的情况,这就使生活在不同家庭里的学生形成了不同的特点,因此,教师必须一视同仁地对待所有学生,用爱心和信心建立融洽和谐的师生关系。

3. 教育兴趣与信心

兴趣是最好的老师,教师要强调培养学生学习英语的兴趣。然而在要求学生对英语有兴趣之前,教师首先应该反思一下自己是否热爱英语教学工作,是否对英语教育有持久的热情,是否对英语教学有信心,是否对英语文化有兴趣,是否对学生有耐心和爱心,是否能够出色完成各种教学任务等。教师只有明确了自己对英语教学的热情与信心以后,才能够将这份心情传递给学生,对学生的兴趣培养和英语学习产生潜移默化的积极作用。

4. 坚定的教学意志

教师还应具备坚强、勇敢的意志。学生在英语学习中总会遇到各种问题,一些问题的答案是无法从书本上找到的,所以教师必须凭借自己的意志,不断地实践,并从实践中总结出解决问题的方法。英语学习是一个循序渐进的过程,没有一种知识是一下就会学成的,这就需要教师以持之以恒的态度给学生传授知识。教师这种态度还体现在其不断提升自身能力上,一位优秀的英语教师需要在教学实践过程中不断发现问题、解决问题,通过不断研究、学习提升自己解决问题的能力。每一位教师都是生活在这个社会中的人,每一个人也都有自己生活中的烦恼,所以,教师在课堂上要善于控制自己的情绪,不要将不好的情绪转移到学生身上。

5. 自我反思意识

人不可能不犯错误，因而需要反思。作为学生的指导者，教师更要反思自己，从而发现问题、纠正错误、推行改革。只有这样，教师才能在不断地反思和探索中逐渐形成自己独特的教学风格，英语教学才能有所突破。

近年来的英语教学改革大力倡导"以学生为中心"的教学方法。这种教学方法因纠正了以往以教师为中心、忽视学生主体地位的错误倾向而受到越来越多人的支持。尽管如此，英语教师的作用也不容忽视或低估。教师的个人素质是高效完成教学任务的保障。在其他条件相同的情况下，教师素质越高，教学质量就越高。总而言之，教师素质对于教学质量来说十分关键，因此教师的自我反思意识和能力对英语教学的效果也是至关重要的。

6. 教学创新意识

创造力不仅是学生应该具有的能力，教师更应具备这一能力。随着时代的进步、社会的发展，英语教育的培养方向、培养目标等都应随之改变，教学方法、教学内容也应有所创新，要适应时代的要求、学生的个性特点。教师如果图省事而照搬陈旧的教学模式和程序，学生的积极性就得不到调动，久而久之也会产生懒惰心理，不利于创造性思维的培养。因此，在教学之初，教师首先应该严格要求自己，要有改进教学、变革方法的意识，要努力开发更多的课堂资源、探索新的教学方法、利用新的教育手段、采用新型评价方式、建立新型师生关系等，这些都对英语教学更好地适应现代社会具有很大的作用。

然而，创新说起来容易，做起来却需要极大的勇气。很多教师并非没有好的想法，但由于教学进度紧张、任务繁重，再加上各种考试的压力，很多好的想法总是难以落实。教师担心一旦创新失败就会耽误教学进程，更会误导学生，因此迟迟不敢尝试。但教师应该认识到，世界上这么多的教学方法没有哪一种最好、最有效，每种教学方法之所以存在必然有其合理性。因此,教学方法本身没有绝对的好与坏,只有使用得是否恰当。教师的创新无不是建立在经历了长久实践验证的既存经典之上,因而也必定存在很多合理的地方,教师根本无须担心创新的理论依据。创新最重要的是实践,实践是检验真理的唯一标准。创新的优缺点都要通过实践才能发现,因此教师应勇于创新、敢于实践,促进英语教学不断向前发展。当然,创新也不能随意进行,而要有严谨的态度,还要有可靠的理论指导和详细的计划,这样的创新才更具有可操作性和实用性。

第二节　数字化背景下高校英语教师专业发展的路径

一、明确教师专业发展的影响因素

在教师发展过程中,有许多因素都会对教师的专业发展产生影响。总体上,影响教师专业发展的因素可从两个维度进行分析:①教师个人内在因素(如认知发展水平、已有的教育观念、专业发展态度等)和外在环境(如生活环境、课程学习、学校或班级氛围、校长管理风格、教师文化等)维度;②专业发展的时段(如师范教育前阶段、师范教育阶段、入职阶段、在职阶段等)维度。这两个维度是相互独立的。为了反映内在因素和外在环境这一因素维度在教师不同发展阶段对教师发展影响的差异性,可考虑同时从两个维度对影响教师专业发展的因素进行分类、研究,以便弄清不同教师发展阶段哪些因素更为关键,为制定合理的教师培养、培训方案提供依据。

由于影响教师发展因素在教师发展不同阶段的作用有所变化,所以了解不同阶段的关键影响因素,以及如何发挥这些因素的作用,对教师培养者和教师本人均有重要意义。

具体来看,在师范教育阶段,师范生个人已有的教育观念和课程学习对其专业发展起着至关重要的作用。尽管对于师范教育在促进教师专业发展方面是否有作用这一问题目前依然有争议,但近年来越来越多的回顾性研究结果表明,师范教育对教师的专业成长和教学效果有巨大作用。然而,要充分发挥师范教育阶段对专业发展的作用,对教师教育机构和师范生来说,至少面临三个方面的挑战:①"学艺旁观",这一挑战是指师范生进入师范教育前,在中小学课堂中已经有了十多年的"见习"经历,对"教学"有了直观认识;②"躬身践行",是指学会教学意味着不仅要学会"像教师一样思考",而且要付诸行动,"像教师一样行动";③"错综复杂",是指做教师不仅要充分理解课堂的复杂多变,而且要针对复杂多变随时做出应对。正是由于"学艺旁观"时间太久,往往容易产生任何人都能当老师的错误认识。师范生进入教师教育之前所形成的这种观念,对师范教育阶段的学习起着"过滤器"的作用,影响着教师教育作用的发挥。

有效地改变师范生原有教育观念的干预计划主要有两个方面的特征:①干预计划的时间较长(一年以上),以使新观念和相应的干预措施有充分的展开时间,从各种角度对新观念予以强化;②干预计划采用小组的组织形式,小组成员之间在职阶段互助合作,特别是在接近于专家教师的阶段,只有立足教师自身的本土专业实践、挖掘个人实践知识、累积实践智慧,似乎才能发挥各影响因素对教师专业发展的积极作用。"教师的实践性知识是教师真正信奉的,并在其教育教学实践中实际使用和(或)表现出来的对教育教学的认识"[①],它支配着教师的日常教育教学行为,是教师从事教育教学工作不可或缺的重要保障,是教师专业发展的主要知识基础。按教师对其实践性知识的意识和表达的清晰程度,此类知识可分为三类:①可言传的;②可意识到但无法言传的;③无意识的、内隐的。第一类多属教师对理论性

---

① 陈向明.实践性知识:教师专业发展的知识基础[J].北京大学教育评论,2003,1(1):104-112.

知识的理解和解释,比较容易用概念和语言表达,而后两类大都来自教师的个人经验。显然,在教师个人的教学实践活动之外寻求实践知识无异于缘木求鱼。"教师的实践智慧主要指教师在教育教学实践中基于善的教育价值追求,对教育教学工作的规律性把握、创造性驾驭,深刻洞悉、深度思考、敏锐的感悟与反应以及灵活机智应对的综合能力""教师通过对具体的教学情境和教学事件的关注和反思,将感性的、表面化的经验提升,就可使其上升为自身的实践智慧"[①]。由此可以看出,教师的实践智慧也是在个人专业实践场景中产生的。

既然作为教师专业发展主要知识基础的实践知识和教师专业发展最高水平体现的实践智慧均源于教师本人的专业实践活动,各种教师培训要获得促进教师专业成长的效果,就应立足教师专业实践,充分利用教师已有的教学经验。教师自身也应自觉反思、体验、感悟专业实践过程,找到自己知识的生长点和自我专业发展的空间。

二、更新教师专业化发展的培养观念

培养观念是教师进行教育活动的指导思想和方向,直接决定着教育的内容和模式,在教师专业化发展实施过程中占重要地位。就传统的培养观念来看,熟悉主流文化传统、传播科学真理的观念长期以来贯穿于教师专业化发展的整个过程,且并未涉及多元文化的内容。而在多元文化社会环境下,教师专业化发展中多元文化观的缺乏,将造成教师多元文化教育意识的淡漠,不能正确理解多元文化教育的内涵,而没有认识到多元文化教育理念的重要性,无法在学生教学中开展多元文化教育。[②] 因此,必须更新教师专业化发展的培养观念,将培养具有多元文化教育观的教师纳入培养目标。

[①] 赵瑞清,范国睿.实践智慧与教师专业发展[J].教育导刊,2006(7):7-9.
[②] 辛雨洁.多元文化视域下的教师教育[J].教育现代化,2018,5(21):111-112.

三、重视加强英语教师的科学研究能力

跨文化交际能力和对异文化的敏感意识成为当代人必备的基本技能。高校英语教师应加强科学研究,通过科研提高多元文化的专业能力。在教学过程中,如果不进行理论研究、不参加实践研究,教学活动会止于肤浅层面;反之,如果仅有理论与实践研究而脱离实际教学活动,则科研缺少基础与根基。高校英语教师必须积极参与相关科研活动以提高多元文化的专业能力。在科研中,研究者通过文化的视角,开展实践、反思教学,在反思中不断调整教学方式方法,在实践中发现问题,并针对问题形成解决问题的方案,并应用于教学实践。教学与科研相辅相成,相互促进。教师可以通过参加校本研究和教学公开课等活动,投身科研活动;学校应鼓励英语教师积极参加相关研究。基于多元文化的科研与实践,将成为英语教师专业成长的新平台,促使我国大学英语教师走向国际化。[①]

四、英语教师要掌握全新的专业知识

传统的教师专业知识主要包括文化素养、专业学科知识、教育学科知识。显然,在数字化环境下,专业知识还应该包括高度的信息素养,因为它是信息时代所有人都必须共有的素质。但是,从教师的职业视角来看,仅仅拥有普遍意义上的信息素养是远远不够的,还应该形成将信息技术与本职工作相整合应用的素养,即数字化教学设计与实施能力、技术支持的专业实践能力等。具体而言,在信息技术环境下,大学英语教师的专业知识还要包括以下要素。[②]

---

① 赖晓葭.多元文化视野下的大学英语教师专业发展[J].教育与职业,2014(35):102-103.

② 魏琴.信息化背景下大学英语教学研究[M].长春:吉林人民出版社,2020:185.

1.基本的信息素养

大学英语教师必须掌握现代教学技术,具备信息素养,这是信息时代改革英语教学和提高英语教学质量的关键。具体而言,大学英语教师信息素养包括以下四方面内容。

(1)信息意识。信息意识是人们对各种信息的自觉心理反应,是人们对客观事物中有价值的信息感知能力、判断能力和运用能力的综合体,即对信息科学正确的认识和对自己信息需求的自我意识。信息意识有三种表现形式:对信息具有敏锐的感受力;对信息具有持久的注意力;对信息价值具有判断力和洞察力。大学英语教师需要对教学信息有敏感度;能意识到信息对创设英语语境的重大作用,了解什么信息能够促进英语教学;具有获取有利于教学的信息意识;具有将信息与英语教学整合的意识。

(2)信息知识。信息知识是指一切与信息有关的理论、知识和方法,是人们在利用信息技术工具拓展信息传播途径和提高信息交流效率中所积累的认识和经验的总和,是进行搜集信息、加工信息、利用信息等信息行为的原材料和工具。信息知识包括基本信息常识和技术性知识。例如,网络信息知识,是指人们对网络信息本质、特性和常识性的一些网络基本知识的了解;网络信息技术专业知识,是指对网络信息方法、网络信息技术的了解和掌握。

(3)信息能力。信息能力是信息素养的核心,是指人们有效利用信息设备和信息资源获取信息、加工处理信息以及创新信息的能力。大学英语教师的信息能力是信息素养的核心,可细分为:①获取能力:运用信息和通信技术(ICT)获取英语教学资源的能力,包括信息的检索和下载;②评价能力:运用信息和通信技术客观评价英语教学资源和学生英语学习情况的能力;③处理能力:运用信息和通信技术对英语教学资源进行教学加工的能力;④管理能力:运用信息和通信技术对英语教学网络和本地资源进行收集、组织、整理和储存的能力;⑤整合能力:运用信息和通信技术辅助英语课堂教学的能力;⑥交流能力:运用信息和通信技术与专家、同行和学生进行英语教学经验交流的能力;⑦研究能力:运用信息和通信技术进行英语教学研究的能力。

(4)信息道德。信息道德是指涉及信息开发、传播、管理和利用等方面的道德要求、道德准则,在信息素养形成过程中,信息道德担任着道德规范和监督制约不良信息行为的角色。信息道德作为信息管理的一种手段,与信息政策、信息法律有密切的关系,它们各自从不同的角度实现对信息及信息行为的规范和管理。信息道德包括著作权、合法性和道德规范等问题。信息道德规范的目的是教育人们尊重别人的劳动成果,不恶意窃取,遵循一定的信息伦理与道德准则,规范个人信息行为素质。

2.丰富的信息化实践知识

当前,信息网络呈现出不断扩展的趋势,教育也要加快信息化的进程,这就要求未来的教师要教会学生获取信息知识的本领、把学生培养成为信息化的人当作主要的任务。但要培养出信息化的学生,就要有信息化的教师,因为教师负有指导学生学习的任务。因此,在数字化环境下,涉及技术及其应用的教师实践性知识的探索就显得尤为重要。

对于"教师实践性知识"概念的界定,这里运用的是具有代表性的北京大学教育学院陈向明提出的界定:"教师通过对自己教育教学经验的反思和提炼所形成的对教育教学的认识;教师对其教育教学经历进行自我解释而形成经验,上升到反思层次,形成具有一般性指导作用的价值取向,并实际指导自己的惯例性教育教学行为。"①从该概念可以看出,教师实践性知识不仅包括表现出来的行为,还包括行为背后的信念与意识。姜美玲提出:教师实践性知识是指教师在具体的日常教育教学实践情境中,通过体验、沉思、

① 曹勇军.搭建实践与理论之桥:印象北大陈向明教授[J].语文教学通讯,2015(C1):4-7.

感悟等方式来发现和洞察自身的实践和经验之中的意蕴,并融合自身的生活经验及个人所赋予的经验意义,逐渐积累而成的运用于教育教学实践中的知识及对教育教学的认识,它实质地主导着教师的教育教学行为,有助于教师重构过去经验与未来计划,从而把握现时行动。[①]

据此,数字化环境下的教师实践性知识,也被称为教师信息化实践性知识,是指教师基于自身教育教学的需要,在具体的日常教育教学实践情境中,通过体验、感悟、反思和提炼所形成的运用信息技术相关技能及教学理念处理教育教学问题的认识,并且这种认识会自觉地指导自己的惯例性教育教学行为。顾名思义,教师信息化实践性知识是教师个体所拥有的实践性知识,也就是教师在应对信息技术教育情境中生成的关于"如何做"的相对稳定的策略性认识体系。教师在具体的日常教学实践过程中,通过体验、反思等多种方式来发现信息化教学实践过程中的意蕴,且结合自身的生活经验,逐渐积累而成对信息化教学的认识,并且将这种认识用于指导自己的学科教学实践的知识。

具体而言,教师信息化实践性知识受教师工作环境、教育对象和教学内容的影响,是教师特有的一套服务于在信息化环境下开展教育实践的综合性知识,是教师在教育教学实践中生成并不断建构形成的教育经验体系与教学智慧素养。它既包含可言明的显性知识,也具有缄默的隐性知识特性。它应用于实践,贯穿于实践,指引和规范着教师的言行,将实践活动不断推向自身教育信念所预设的目标状态。

教师信息化实践性知识生成之后并不是稳定的、长期不变的,而是根据当前遭遇的问题情境与之前的个人经验灵活组合,在复杂、动态的实践场景中表现出一种惯常性倾向,是随着信息技术的发展而发展的。它在静态上反映了教师实际上对信息技术支持的教育教学的认识,在动态上反映了教

---

①　姜美玲.教师实践性知识研究[D].上海:华东师范大学,2006:33-55.

师根据自身教育信念,筛选并组织相关理论性知识,合理运用能力去开展信息化教育活动,实现预期目标的行动意识,是一种行动准则。

教师信息化实践性知识的形成和发展依赖于应用信息技术的意识及实践,是由实践经验转变而成的指导个人教学行为的规律性认识。主要包括教学信念和教学技能两个层面,具体表现为教师在教育教学过程中,具有自觉应用信息技术的意识,运用信息技术解决教育教学问题已成为一种日常教学习惯。从内容维度构成来说,教师信息化实践性知识包含教师信念、信息技术知识、信息化教学策略知识、信息化环境中的学习者知识、信息化教学评价知识等;从整个教学过程来说,它贯穿教师备课、上课、作业检查与批改、课后辅导及学习评价各个环节。教师信息化实践性知识决定了教师的教育行为,影响着教师的教学效果,它既是教师个人专业发展的知识基础,也是教师群体专业化地位提升的知识依据。

五、协调好信息技术与传统教育的关系

信息技术这一概念所包含的内容较为宽泛,一方面涉及随着社会生产力发展与科学技术的发展在教育领域之中的运用,另一方面包括新的教育理论、教育新思维以及新的教学手段。多媒体网络语音室是伴随着信息技术在教育教学中的普及,以及计算机网络技术的日趋成熟而产生的。在高校教学改革中,信息技术提供了强大的技术支撑。信息技术应用并不排斥传统的面授,而是更重视应用计算机和网络的教学模式,从教师讲、学生听的教学模式转变为以计算机网络、教学软件为主的个性化和主动化的教学模式。以多媒体网络技术为基础的信息技术应用,将在大学英语教学中发挥越来越重要的作用。

在数字化背景下,对于大学英语教师专业发展来讲,其面临的主要问题是要正确认识传统教学方式与信息技术应用之间的区别与联系,并有效进行运用,进一步丰富和拓展教学内容及模式,进而获得最优化的教学效果。

　　传统教学与信息技术教学之间的差异主要体现在教学模式、教学方法、教学内容上。传统教学模式是以教师、黑板、教科书、学生等为主的讲授式教学,注重教师的主导作用,课堂活动也是以教师为主体。在这种教学模式下,学生基本上是被动的接受者,学生的个体差异性得不到充分发挥。信息技术教学模式是以网络、计算机、教学软件、音频等为主的多种新技术、多层次、多角度的立体式教学模式。以学生为主体的课堂活动导致教师需要担任三种任务角色,即课堂的设计者、组织者、引导者,这样不仅发挥了教师的主导作用,而且充分发挥了信息技术的功能和优势,进而充分尊重了学生的个体差异。另外,信息技术教学创设了新的教学环境,实现了有效教学。在网络教学环境下,教师逐渐较少使用黑板和粉笔,而多采用演示文稿、电子邮件、视频等多种方式进行教学。此外,很多高校还开设了自主学习平台。现代技术打破了固定教学场所的限制,使学生从传统的课堂学习走向无限的学习空间,学生的学习不再受时间、空间与地域的限制。

　　传统教学与信息技术教学是相互关联、相互作用的。信息技术促使教师要更新教育观念,转变教育手段。信息技术教学以其独特性、先进性、高效性著称于世,然而要想真正发挥出它的优势,就必须根据教学内容的实际需要合理使用信息技术。信息技术教学内容、模式、手段都必须符合教学目标,服务教学目的。教学中的教师、学生与教学内容、手段要相互联系、相互配合,因此应用信息技术的内容应包含在教学内容里。信息技术与传统教育技术是互为补充、互为监督的,这样可以防止出现过度依赖某种技术的现象,或者不科学地利用信息技术对教师专业化进程的发展造成不良影响。例如,部分教师在课堂教学中过度追求视觉上的新鲜感与娱乐性,在课件中插入大量的图片和视频,分散了学生的注意力,或者无法在规定的时间里展现全部的教学内容,从而使教学效果大打折扣。因此,在教学实践中,首先要对教学内容进行深入的研究,并在此基础上合理使用信息技术,只有这样,才能真正发挥信息技术对教学的辅助作用,实现课堂教学效果的最优化。

六、信息技术的发展要加速英语教师专业化的进程

信息技术条件下的网络多媒体是一门综合技术,具体是指将文字、声音、音乐、图形、动画和声像技术中的音频、视频等多媒体形式与计算机集成在一起,并从逻辑上将这些媒体形式进行连接,便于更为生动、复杂的信息的传递。其具有多方面的优势,主要表现在:①信息量大,且图文并茂,内容丰富;②传递速度较快;③具有多样化的信息载体形式,如声音、视频等;④集开放性、交互性、自主性、生动性和个体化于一体,能使教学效果得到有效提高。当然,这也对大学英语教师专业化发展方向和提高教育技能提出了更高的要求。

随着信息技术的发展和应用,大学英语教师利用网络和信息技术软件,既可以随时随地对西方社会文化知识结构进行系统与全面的了解,也能全面加速和提高学习应用信息技术的能力和水平;既能有效转变传统教学中内容和教学手段,也可以丰富学生的学习内容、学习技能;既可以提高英语教师教学能力和水平,也可以全面提高教育教学的效果。在教育教学中充分利用信息技术开展课堂教学,是加快大学英语教师专业化、技能化的一个重要途径,是大学英语教学改革的重要内容。作为大学英语教师,应根据学生的年龄特点、所传授知识的不同层次与类型等选择相适应的现代信息技术,这样一方面有利于提高大学生学习英语的兴趣和技能,另一方面也有利于英语教师自身的知识储备与英语授课技能的提升,进而有利于促进大学英语教师的专业化发展。

第三节　数字化背景下英语教学的困境、机遇与对策

一、数字化背景下英语教学的困境

(一)传统教学手段的缺位

自从现代信息技术被引入课堂教学领域,人们纷纷追求教学的现代化取向,甚至产生了对现代教学媒体的过度依赖。较为严重的现象是,当前很多教师只有在现代教学媒体辅助下方能完成教学。

显然,这种对现代教学媒体的过度依赖反映了现实教学的另一个极端现象,即传统教学手段严重缺位于现代课堂教学中。事实上,传统教学媒体如书本、黑板实物、小型展览等在教学上具有很多优势,也是现代教学媒体无法替代的。例如,粉笔加黑板的板书式教学在突显教学直观的同时兼顾师生间的有效互动,这是多媒体教学无法替代的。教师可以通过对板书速度的控制,调整教学节奏。这种直接互动方式不仅能很好地吸引学生的注意力,还能留给学生足够的思考空间。况且,良好的板书设计也是体现教师魅力的关键所在。

传统教学媒体具有很多现代教学媒体所不及的优势,如成本低、方便移动,在教学运用中对教师和学生的技术性知识的要求不高,适用性强,易于操作。正如有学者所言,在选择传统教学媒体时,对学生、教师、教学条件、媒体特征、媒体效益等因素考虑较少,而在选用现代教学媒体时这些是必须充分考虑的。

(二)"真"与"假"并存

在数字时代所设计出的虚拟世界的明显特征就是"真"与"假"并存。

"真"是因为它是源于现实的,是对现实存在的经验化的结果,其存在的本质是借助数字化构造一个真实而非想象、虚拟的信息传播与交流的平台;"假"是因为它与客观现实并非同步存在,它是对现实存在的虚拟仿真。在具体的英语课堂教学中则主要表现在三个方面。

第一,教学内容的虚拟化。数字化时代的英语课堂教学总是习惯于将真实的客观知识经验转化为虚拟世界的"真实"存在。比如,模拟自然灾害中自救、大火中逃生等,虽然类似的教学内容是虚构的,但是反映的自然规律是真实的,可以达到的教学效果是真实的、合理的。

第二,师生间的互动交往融入了虚拟存在的媒介。在数字化时代,师生间的互动交往活动早已经超越了面对面的交往,而是将真实的人际交往行为经验化为虚拟存在并延续到虚拟世界里持续进行。

第三,教学场景的虚拟化。数字技术已经发展到有足够实力设计一个完全虚拟的英语课堂场景,就某个真正的现实问题进行课堂讨论,完成英语课堂教学任务。

二、数字化背景下英语教学的机遇

(一)激起了英语教学理念的创新

英语教学理念是英语教师在英语教学实践中形成的对教学基本观点和根本看法,以及在此基础上形成的相对稳定的思想和观念体系。英语教学理念至少包括三层意思:①它是一种思想观念,即不同于人们具体教学实践的一种主观认识体系;②它源于英语教学实践,由英语教师在教学实践中不断概括而成;③它是对有关英语"教"和"学"活动内在规律的总体认识。可见,英语教学理念的发展与变化总是基于人们的教学实践的发展和变化。数字化的引入对现实的英语教学活动提出了诸多新的要求,如数字化背景下英语教师必须会操作电子产品,能认识和接受从现实世界到虚拟世界的变化等。这必将引起旧的英语教学理念与新的英语教学条件不相适应,在没办法抵制数字化所带来的新的具有绝对优势的教学条件的诱惑时，我们只能从观念认识上改变自我，改变我们对待教学活动的态度，即变革和创新我们的英语教学理念。

（二）突破了英语教学思维的瓶颈

英语教学过程作为一种认识活动，是人们的思维逻辑过程逐渐展开的结果，这就决定了英语教学思维在教学活动过程中的决定性意义。这里的英语教学思维是指师生基于英语教学实践活动而形成的关于英语教和学活动的各种思维方式、过程和结果的总和。显然，数字化时代的到来，为师生的教学思维开辟了一片新天地，拓宽了英语教学思维的对象世界。在英语课堂教学领域，人们原有的关涉课堂教学活动的思维方式发生了根本性的变化。由于数字化世界所构筑的空间的存在是基于现实而又超越现实的存在，因此导致了认知思维同样可以在源于现实而又超越现实的情境下无限制地遨游。

（三）超越了英语教学时空的局限

在传统意义上，基于空间的认识，英语课堂主要指进行教学活动的教室；而基于时间的英语课堂则是持续 45 分钟的教学过程。数字化时代的今天，英语课堂教学有了新的定义，教室不再是学生接受知识的唯一场所。在数字化背景下，虚拟世界使诸多现实英语课堂教学中无法实现的教学活动得以实现。因此，数字化时代的英语课堂教学已经在空间上超越了教室的局限，跨过了现实的界限，通过网络技术融入虚拟世界；在时间上超越了传统意义上课堂时间的局限，如翻转课堂的"先学后教"模式，把学生的大量时间转移到了课前的学习准备上。

（四）引起了英语教学结构的变化

英语教学结构是在一定教育思想、教学理论、学习理论指导下，在某种环境中展开的，由英语教师、学生、教材和教学媒体相互联系、相互作用而形成的英语教学活动进程的稳定结构形式,它将决定英语教师按照什么样的教育思想、教学理论、学习理论组织教学活动进程。从传统的英语课堂教学结构来看,主要有以教师为中心的教学结构、以知识为中心的教学结构和以学生为中心的教学结构。随着数字化时代的到来,英语课堂教学结构主要从"以教师为中心"和"以知识为中心"的教学结构形式转向"以学生为中心"的教学结构形式。

(五)实现了英语教学方式的变革

数字化时代改变了传统的粉笔加黑板式的英语教学形式,实现了现代化教学手段支撑下的"虚拟+现实"的新型英语教学形式。在传统英语教学中,由于条件的限制,主要使用的教学方式是讲授式、讨论式、问答式、表演式等。而在数字化背景下,英语课堂教学方式有了诸多新变化。为了适应数字化教学环境的需要,英语教师在探索教学方式时,离不开计算机网络技术的支持,有人甚至认为没有融入现代信息技术的课堂是不合格的课堂。可见,数字化时代的英语教学方式的变革与创新的核心是对现代信息技术的充分运用,或者说是对现代信息技术的依赖。在现代化信息技术的支持下,英语课堂教学方式变革的维度至少包括三个方面:①信息技术的运用推进了英语课堂教学方式在质上的变化,如师生之间的直接对话中引入一个虚拟场景;②信息技术的运用实现了英语课堂教学方式在量上的变化,如可以通过云技术进行多面展示,通过技术设计开发教学软件,通过网络平台实现英语在线学习和咨询等;③信息技术的运用实现了时空维度上的拓展,即促进了英语课堂教学方式在结构形态上的变化,传统英语课堂教学主要采取讲、听、练、考等单向推进的方式,而进入数字化时代后,英语课堂教学主要采用自主、合作、探究等方式综合进行。①

---

① 魏琴.信息化背景下大学英语教学研究[M].长春:吉林人民出版社,2020:62.

三、数字化时代大学英语教学模式改进措施

(一)构建教学平台

数字化时代的大学英语教学,应该合理应用数字化技术,借助新媒体实现信息的有效传播。大学英语教师应该借助数字化技术构建信息化教学平台,以平台为辅助,丰富英语教学的方式。在实际教学中,教师可利用微课、慕课等实施课堂教学活动,营造出良好的网络教学平台,对教育空间进行拓展。教师在网络教学平台上与学生分享英语教学资料,向学生提供英语学习所需的多种资源,激发学生对英语学习的兴趣。教师也可在微信公众平台上,设置相应的资源推荐、不同专业的英语学习以及情景英语训练等板块,满足学生的个性化需求,同时使学生的主观能动性充分发挥。另外,在微信公众平台上,教师可以引入一些与时政相关的英语信息,丰富课堂教学内容,帮助学生开阔眼界,从而使其能够更加系统地、与时俱进地学习英语知识。

(二)创新课堂模式

在大学英语教学过程中,课堂是最为关键的载体,以英语课堂为基础,通过对数字化技术的合理应用,能够推动教学模式和教学方法的创新,提高学生的课堂学习效果。以数字化技术为支撑,英语教师应该对自身的课堂教学观念做出转变,激发学生的自主学习意识,对现代技术进行科学应用,使得新媒体技术可以和英语课堂教学活动融合在一起,营造出良好的课堂氛围,保证课堂教学效果。

(三)优化考核方式

在大学英语教学中,教师应该合理地应用数字化技术实施考核工作,对考核模式进行创新,这样能够使英语课程考核变得更加客观、科学,有助于教师更加全面地了解学生的学习情况,对课堂教学工作进行改进,提升英语

教学活动的系统性和科学性。

(四)提高课堂效率

大学英语的课堂教学,是借助有效课时进行的。学生在日常学习中,除去英语课之外还有很多必修课,如何合理利用有限的英语课时,向学生展示尽可能多的知识点,取得最佳的课堂效率,是教师在进行备课、课程设计时以及教学环节中需要关注的核心问题。英语本身是一门通用性和实践性很强的课程,很多大学在英语学习方面都对学生有着较高的要求,如通过英语四六级考试,能够看懂英语报刊上的时事新闻,能够写出流畅优美的作文等,同时强调学生必须具备一定的口语交际能力,可以听懂英语对话,并将自身的想法清晰准确地表达出来。

基于此,大学英语教师在英语教学过程中,应该重视信息化技术的应用,熟练掌握相应的软件,推动教学内容和教学形式的数字化,实现英语课堂效率的提高。在具体实践中,一方面,英语教师需要能够利用多媒体设备、PPT课件等,实施数字化教学活动,推动教学环节的多样化和丰富性,激发学生的求知欲,同时也需要重视与学生的沟通交流,关注学生在课堂上的表现,获取实时教学反馈,以此为参照,对教学模式和教学方法进行调整。另一方面,在数字化时代背景下,社会的包容度和创新性不断提高,对大学校园中的专业知识也提出了更高的要求。在这种情况下,大学英语教学不仅需要借助常规教学方法进行知识的传授,还需要结合时代发展要求,对英语知识进行相应的扩充,而这要求教师具备课堂信息数字化的能力。

(五)拓展课堂教学

当前,很多英语教师在课堂教学过程中,为了能够在有限的时间内将知识点尽可能多地传授给学生,采用了多样化的教学方法。如直接教学法、任务教学法、语法翻译教学法以及情境教学法等,但是如果始终围绕黑板展开教学活动,再多的教学方法也无法真正提高教学的成效。对此,大学英语教师应该从思想上重视数字化技术的应用,积极引入数字化教学模式来对英语课堂教学的效果进行提升。在实际操作中,一是应该加强教师队伍建设,定期对英语教师进行培训,确保其具备相应的教学能力,熟悉计算机等多媒体设备的操作,以更好地适应数字化教学的需求;二是应该吸引学生的注意力,数字化英语课堂可以设置形式多样且生动有趣的教学活动,激发学生参与课堂活动的积极性。想要实现这一目标,教师在教学中不仅需要掌握相应的数字化教学技能,还必须结合实际情况做好整合调整,激发学生的情感共鸣,使得其能够掌握更多的知识点,加深学生对英语知识的理解和记忆。比如在日常课堂教学中,高校可以邀请一些专业技术人员来向教师传授多媒体及数字化网络的操作技巧,提高教师的操作能力。①

第四节　高校英语师资建设的发展趋势与展望

一、高校英语师资建设的发展趋势

(一)复合型英语师资队伍建设

无论是从经济社会发展对英语专业人才培养素质的要求,还是英语教师自身内容发展需求看,复合型师资队伍建设不容忽视。然而,复合型师资队伍建设是一项长期且系统性的建设工程。②

1.注重教师观念的转变,正确把握复合型教师的内涵和外延

观念是行动的先导,复合型师资队伍建设需注重教师观念的转变。具

---

①　左宁.数字化时代下大学英语教学模式改进措施分析[J].现代英语,2022(4):1-4.

②　陈严春.高校复合型英语师资队伍建设的探究[J].黑龙江教育学院学报,2015,34(8):36-37.

体而言,既要让广大英语教师深入了解复合型英语专业人才(指学生)的培养目标和培养要求,在人才培养的过程中有目的、有计划地围绕复合型英语专业人才培养规格展开教学,又要让广大英语教师深刻认识到自身与复合型人才(指教师)的差距,正确把握复合型教师的内涵和外延,自觉寻求改变的方法和手段,不断提高自身的素质和能力,以获得可持续发展。

2. 加强教师专业素质的培养,引导教师跨学科多元发展

专业素质是高校教师应具备的最基本素质之一。复合型师资队伍的专业素质培养包括本专业语言知识与技能、学科教学知识与技能和创新意识和实践能力。本专业语言知识与技能指的是教师承担某门课程或学科教学所具有的专门知识和素养,主要包括所教课程的专业内容、技术涵养、学科理念和特色等,这是教师岗位和职业必需的业务能力和素质,是教师从事教育教学的前提,也是教师从事教育教学的坚强保证。对于英语专业教师而言,则表现为语言和语言学的知识及其文化内涵等。学科教学知识与技能指的是教师掌握从事该学科教学的技巧和技术,主要包括教学目标的设定、内容的划分和组合、教学手段的运用以及教学效果的评价等。对于英语专业教师而言,则表现为英语教学过程应具备的知识、了解的步骤和掌握的技能。创新意识和实践能力指的是具备对事物(事件)或个体敏锐的洞察力和判断力,不按部就班,而是寻求改变并通过行动付诸实践。就英语教师而言,则表现为培养学生的发现问题、分析和解决问题的能力,具体而言,则为形成思辨能力、语言综合运用能力。

复合型师资队伍的建设不但需加强专业素质的培养,而且需要引导教师跨学科多元发展。教师跨学科多元发展可通过两种渠道实现:一是引导英语教师主动获取不同学科知识,即除本学科以外的其他一门或几门具有一定独立地位的学科知识。如教育学、人类社会学、文学、管理学、考古学等学科知识,要求教师针对复合型人才培养特点,有目的和有意识地整合各类相关专业知识,到达知识结构的多元化和整体优化的效果。二是鼓励英语教师获取双学位或跨学科提升学历。根据政策导向，引导英语教师根据自己的兴趣爱好或结合本校专业发展规划辅修第二学位，如管理学、会计学等或是引导英语教师在学历提升的过程中考取其他专业，如商务管理、旅游管理、市场营销、工商管理等。

3.注重"双师"素质教师的培养，鼓励教师参与社会实践

"双师"素质教师的培养有助于复合型师资队伍的建设。注重"双师"素质教师的培养，一方面，需要通过与政府机关、企事业单位、行业或行业联盟等合作，为现有的教师提供实践的机会和平台，鼓励教师前往企业，参与社会实践，在实践中获取真实的工作经验，并主动用于教学，提高教学质量；另一方面，需要鼓励教师获取复合型职业资格证书，即除了本专业的专门证书外，还应获得其他学科或专业证书，如经济师、人力资源师、国际商务管理师、国际单证员、关务员和跨境电子商务师等。这样做可以实现教师在不离自己岗位的情况下迅速了解其他学科知识，从而具有跨学科背景，实现自身知识和能力的复合。①

(二)学习型英语师资队伍建设

1.创造学习条件

高校应该积极改善英语教师学习场所的环境，对有关英语教师学习的硬件建设给予重视。比如，高校可以给英语教师配备电子备课室；为便于英语教师学习计算机知识，在网上搜索英语资料，可以给每一个教研室多配备几台电脑；另外，高校还可以为校图书馆、阅览室多购买一些英语书籍。②

高校每年都应该投入一定的购书经费，专门为英语教师订购一些教育

① 洪一江.浅谈构建跨学科复合型师资队伍对商务英语专业发展的意义[J].南昌教育学院学报,2012,27(4):151,155.
② 白爱娃.以学习型组织为平台的高校英语师资建设[J].教育与职业,2015(24):71-73.

专刊、教育理论专著,专门设置英语教师培训基金,专门安排一定的费用购买教学软件。另外,高校还应鼓励英语教师去书店购买适合其本人阅读的教育书刊,并为之报销一定的费用,减轻教师的经济负担。

2. 开展校本培训

开展校本培训是在校内创建学习型组织的有效途径,也是促进高校英语师资队伍建设的渠道之一。高校可以通过英语教师的自我反思、同伴互助和专家引领三个途径,构建校本培训和校本教研机制。

(1)倡导教师开展教学反思。高校应该积极引导英语教师以课例为载体,开展教学反思,并在反思的有效性上下功夫。同时,高校可以通过开展英语教育教学评比活动,引发英语教师的思考,促进英语教师的反思。此外,高校还可以要求英语教师在听完公开课或者上完公开课、研讨会后,及时总结,畅谈感想。

(2)开展互助活动。高校英语教研组不仅是英语学科教研的平台,也是英语教师之间有效开展同伴互助的学习型组织。为此,高校有必要加强英语教研组建设,广泛开展先进英语教研组评比活动,并把校本培训、校本教研作为教研组评比的重要内容。各教研组则应该以公开课为载体,开展集体备课、听课、评课、反思活动,积极引导英语教师相互交流、相互学习。另外,外语院系还可以通过开展"以优带新、师徒结对"等活动,促进英语教师之间的正向互助。

(3)发挥专家作用。为使英语教师在校本培训和课程改革中少走弯路,尽快实现专业成长,高校应该积极实施"走出去、引进来"的措施。一方面把英语教师送出本校到国外进修,吸取西方先进的教育理念和教学方法,或者把英语教师送到外省市,参加各种校外英语培训、研讨会,多倾听英语教育专家的报告,同他们进行深入交流;另一方面也可以经常邀请一些英语教育专家来高校作报告、开讲座、办演讲,进行面对面的专业指导。

3.构建科学的评价机制

要想充分调动高校英语教师的工作积极性,真正发挥高校英语教师工作的主动性和创造性,关键在于构建一个科学的评价机制。英语教师的评价涉及英语教师队伍的引进聘用、职称评审、培养考核等诸多方面,是英语师资队伍建设的核心环节。激励性评价体系,可以激活英语教师潜能,鼓励他们提高专业水平。科学、公正地评价英语教师,是最大限度调动英语教师工作积极性、提高英语教师素质的有力措施。

(1)要明确英语教师评价的目的。目的明确,才能建立起科学的教师激励评价体系。对英语教师进行评价,不仅仅是为了甄别、选拔优秀的英语教师,更是为了调动全体教师的工作热情,促使全体教师不断提升自身素质;对英语教师进行评价,不仅仅是为了奖励或者惩罚,更是为了让教师明白自己的优势与劣势,并在此基础上扬长避短。

(2)外语院系应该构建一种以教师自评为主,校长、教师、学生共同参与的评价制度,使英语教师从多方面获得评价信息,不断提高英语教学水平。

二、高校英语师资建设的展望

(一)提高教师待遇并稳固教师队伍

高校应当提高英语教师的福利待遇,多关照在校英语教师的切身利益,如职称、待遇、薪资等实际问题,从而激发英语教师的工作热情和创造力,增强其归属感。对现有高校英语师资队伍待遇的改善还将吸引一批高素质、高水平的英语教育人才,使他们积极主动地加入高校英语教师的队伍中来。

同时,高校应建立健全相应的规章制度,确保师资队伍中的每个人都能切实感受到学校的关怀和认可,建立学生评价、学校评价及相互评价的评教制度,促进高校英语师资队伍的教学水平不断提升。①

(二)加大英语教师的科研鼓励措施

不以科研为基础的教育是不成熟的教育。高校英语新课改的成功实施,需要大量的英语科研成果做基础。高校应重视英语科研工作,提高对英语教师科研工作的奖励,使英语教师充分发挥科研的探索能力和创新能力,用科学的教学理论指导英语教学实践,高校英语教学改革才会取得更大的成果。高校英语教师科研能力的提高是一项系统工程。

首先,要针对英语师资团队展开专业、系统的培训,如定期举办学术研讨会、邀请知名专家教授到校举办讲座等,营造科研的氛围。

其次,应制定英语科研扶持政策,学校只有加强对英语学科科研成果的重视与扶持,才能激励大学英语教师主动钻研教学,提高科研能力。

最后,可以将科研成果定为职称评定的一项指标,帮助大学英语教师树立危机感和紧迫感,促使高校英语教师刻苦努力,不断提升自身的综合知识水平,主动投入英语学科的研究中。

(三)英语教学中采用信息化的教学模式

高校英语教师要想提升综合素质,必须彻底转变教学观念,改变教学模式,创新教学手段,发挥学生在课堂教学中的主体地位,在课堂上发挥好组织与引导作用,将课堂上有限的时间留给学生,调动学生学习的积极性和主动性。

同时,为提高学生课堂的学习效率,高校英语教师要充分利用多媒体教学,在讲解书本知识的基础上,结合信息化多媒体教学手段,充分发挥先进信息技术的优势,构建个性化高校英语学习模式,培养学生英语综合能力的发展。激发学生的学习兴趣,使多媒体教学设施更好地发挥其辅助教学的

---

① 李红英.新课改背景下的高校英语师资队伍建设[J].教育与职业,2016(7):61-63.

作用。

为实现这一目标,高校也应加强对英语教师多媒体应用技术的培训,建立自主学习的互联网平台,以达到更好的教学目的。

(四)英语教学中引入优胜劣汰的机制

高校应正确引导英语教师团队的建设,使高校英语教师树立"以生为本"的教学指导思想,并建立完善的奖惩机制,杜绝英语教师缺乏上进心、责任感等现象的发生。只有建立科学、规范的管理机制,才能确保高校英语教学改革的有效实施。在规范制度的同时,高校也应充分尊重英语教师的地位,并鼓励英语教师在日常教学工作中不断创新,进一步在综合知识和专业素养上自我完善;应营造轻松、自由的校园环境,让教师能在和谐的氛围中自由发展;要对缺乏进取心和责任感的教师进行及时劝导和教育,甚至是辞退,完善优胜劣汰的教育机制。

同时,高校英语教师也应自觉、主动地更新教学理念,调整教学方法,创新教学手段,改善教学策略,致力于培养和发展学生的自主学习能力,全面提升学生的综合素质,以达到所培养的学生能适应就业市场对英语人才的需求,不被社会所淘汰的目的。

高校师资队伍的建设水平是高校教育质量的决定性因素,在高校发展中占有越来越重要的地位。新课改背景下,高校英语师资队伍建设应以提高教师整体素质为中心,以培养优秀骨干为着手点,逐步完善高校英语教师队伍建设,保证英语教学师资队伍的可持续发展。

参考文献

[1]常香莲.基于任务的大学英语阅读教学有效性研究[J].辽宁师专学报
（社会科学版）,2018(3):45-48.

[2]陈佳钰.微课在高中英语教学中的应用研究[D].杭州:浙江大学,2017.

[3]陈晓丽.高校英语慕课与翻转课堂教学模式研究[M].成都:电子科技大
学出版社,2017.

[4]段文婷.大学英语口语教学与翻转课堂[J].文教资料,2019(30):231.

[5]甘伶俐.微课在大学英语听力教学中的应用与研究[J].科教导刊（电子
版）,2018(7):172.

[6]韩楠.大学英语教学体系构建与创新性研究[M].长春:吉林大学出版
社,2020.

[7]洪丽娜.探究微课在英语写作教学中的应用[J].长江丛刊,2019(29):
49-50.

[8]蒋晶.混合式教学模式下翻转课堂在大学英语翻译教学中的运用[J].教
育现代化,2017(9):147.

[9]寇雪梅.应用型高校慕课资源开发与利用研究[M].北京/西安:世界图
书出版公司,2017.

[10]赖晓葭.多元文化视野下的大学英语教师专业发展[J].教育与职业,
2014(35):102-103.

[11]李丽洁,米海敏.专门用途英语教学研究[M].北京:现代出版社,2018.

[12]李荣华,郭锋,高亚妮.当代英语教学理论发展与实践研究[M].上海:
上海交通大学出版社,2018.

[13]刘海峰."翻转课堂"教学模式在大学英语听力教学中的应用[J].传播

力研究,2019(3):172.

[14]刘名卓,祝智庭.微课程的设计分析与模型构建[J].中国电化教育,
2013(12):127.

[15]柳瞻晖,金洁峰,苏坚.档案整理实务教程[M].上海:上海大学出版
社,2021.

[16]覃正,王新华,陈芊羽.新教学[M].上海:上海大学出版社,2020.

[17]谭佳奇,杨胜男.微课在大学英语翻译教学中应用研究[J].山西青年,
2017(3):34-35.

[18]汤海丽.高校英语信息化教学改革与微课教学模式探究[M].北京:冶
金工业出版社,2018.

[19]王保中.本真学习的构想:兼议代表性典型学习理论[M].哈尔滨:哈尔
滨出版社,2021.

[20]王继红,邹玉梅,李桂莲.基于翻转课堂理论的英语教学改革与实
践[M].北京:中国原子能出版社,2019.

[21]王鹿鸣.大学英语翻译教学翻转课堂模式研究[J].现代交际,2020
(15):167.

[22]王曼琪."慕课"教学模式评析及实施建议[D].呼和浩特:内蒙古师范
大学,2015.

[23]王谦.现代信息革命再认识:信息社会变革与治理体系创新[M].成都:
四川大学出版社,2021.

[24]王瑛.微课在大学英语阅读教学中的应用[J].科学咨询,2019(30):
37-38.

[25]魏琴.信息化背景下大学英语教学研究[M].长春:吉林人民出版
社,2020.

[26]魏琴.信息化背景下大学英语教学研究[M].长春:吉林人民出版
社,2020.

[27]魏雪超.文化融合思维与英语教学研究[M].北京:中国商务出版社,2019.

[28]奚晓丹.翻转课堂与大学英语翻译课教学设计有效结合的模式探讨[J].吉林省教育学院学报,2017,33(6):51.

[29]夏莲茹.基于微课的大学英语口语教学浅议[J].魅力中国,2019(17):179-180.

[30]辛雨洁.多元文化视域下的教师教育[J].教育现代化,2018(21):111-112.

[31]薛燕.基于教学改革的大学英语教学实践[M].延吉:延边大学出版社,2018.